外国信托法经典译丛　　石俊志 主编

TRUST FUNDS UNDER INTERNATIONAL LAW

BY ILIAS BANTEKAS

国际法体系下的信托基金

[英] 里亚斯 · 班特卡斯 | 著
伏　军 | 译

法律出版社
LAW PRESS · CHINA
—— 北京 ——

First published in English under the title
Trust Funds under International Law: Trustee Obligations of the United Nations and International Development Banks
by Ilias Bantekas, edition: 1

著作权合同登记号
图字：01—2019—6433

国民信托博士后工作站课题组

外国信托法经典译丛（第三辑）
编委会

总　序

现代信托制度的建立，是人类社会法律制度上的一个伟大进步。

中世纪黑暗中的英国社会，为克服普通法的烦琐和僵化，转向由法官凭借公平和良知判案形成的法律制度，由此产生了与普通法并行的衡平法。正是衡平法的出现和实施，催生和哺育了现代信托制度。

“溥天之下，莫非王土；率土之滨，莫非王臣。”中世纪后期，英国君王和各地领主对百姓及其财产的占有，严重地阻碍了财产的市场流转和效益的提高。为打破这种封建桎梏，经历了一个漫长的过程，用益制度在英国逐步演化形成。用益制度实现了财产上的所有权与收益权的分离：所有权继续遵循封建传统的规定，收益权转向符合市场经济的需求，从而起到了承上启下、促进社会平稳发展的作用。

英国法律史学家和衡平法律师 F. W. 梅特兰（Frederic William Maitland）高度评价英国人创立信托概念的贡献：“如果有人要问，英国人在法学领域取得的最伟大、最杰出的成就是什么,那就是历经数百年发展起来的信托概念。”

信托的发展,是在不断挑战原有法律的约束,又在不断促进法律修正的过程中,传播衡平法的公平、公理、良知、正义等理念,并不断促进经济和社会的发展和进步。

美国、日本等国家和地区,在引入现代信托制度的同时,结合本土的信托实践,相继建立了完善的信托法律体系。

现代信托制度传入中国,发生在辛亥革命推翻皇帝专制制度之后。

1921 年,中国历史上第一家标明为“信托公司”的企业——中国商业信托公司——在上海成立。此后,在短短数年里,先后有十余家信托公司成立。

1949 年,中华人民共和国成立。信托受经济环境的影响,被全面停办。

1978 年,党的十一届三中全会拉开了改革开放的序幕,我国信托业重新起步。

1979 年,中国国际信托投资公司成立。随后,各种类型的信托投资公司在全国各地如同雨后春笋般诞生,我国信托业进入了一个崭新的时期。但是,由于缺少法规和监管约束,再加上没有明确的业务范围和主营定位,信托投资公司迅速切入经济发展和金融发展的各个领域,催生了我国债券、证券、基金业的发展,其自身却由于缺乏规范而成为治理整顿的对象。

2001 年 4 月,全国人民代表大会常务委员会通过了《中华人民共和国信托法》,由此奠定了我国信托法律的基石。随后,中国人民银行陆续颁布实施了《信托投资公司管理办法》(已失效)和《信托投资公司资金信托管理暂行办法》(已失效),由此构成了我国信托业“一法两规”的基本法律法规框架,结束了我国自引入现代信托制度以来近一个世纪无法可依的历史。

2007年,原中国银行业监督管理委员会颁布施行了《信托公司管理办法》和《信托公司集合资金信托计划管理办法》(已被修改)。从此,我国信托业开启从“融资平台”向“受人之托,代人理财”的专业机构之转变。在上述规章引导下,我国信托业飞速发展。截至2012年年底,我国信托业管理信托资产规模超过了证券业、保险业、基金业等金融行业的业务规模,成为仅次于银行业的第二大金融行业。

目前,我国信托业管理信托资产规模超过26万亿元。投资信托产品,已经成为我国居民最重要的理财方式之一。信托业在我国经济建设和社会发展中发挥着越来越重要的作用。然而,与国外市场经济成熟国家相比较,我国信托业在功能定位、法律制度、社会实践等方面还存在较大的差距。

“他山之石,可以攻玉。”国外市场经济成熟国家的信托业历史悠久,经验丰富,法律法规体系健全。特别是相关法律制度,对我国信托业的发展,具有十分重要的借鉴意义。为此,国民信托有限公司博士后科研工作站与中国社会科学院法学研究所博士后科研流动站联合招收博士后,重点研究信托法律问题。在此基础上,我们邀请了一批国内从事信托法教学、研究的学者以及具有实践经验的信托业专家,经过认真地调查研究,筛选出一批国外信托法规和经典著作,翻译成中文,介绍给国内读者。

我们相信,这套“外国信托法经典译丛”的出版,对于我国普及信托法律知识,完善信托法律体系,繁荣信托市场,促进信托业更好地服务于实体经济、社会发展和改善民生,具有一定的参考价值。

石俊志

2018年2月7日

导　论

国际法最初从国内法移植“信托”这一概念,是为了解决第一次世界大战后的领地托管问题。此后,国际复兴开发银行及其他政府间国际组织(如联合国)开始自行或与捐赠国通过签署双边、多边协议来设立国际信托基金。

国际信托基金可以定义为:“捐赠国与受托人为了受益人的未来收益或其他目的而订立的一种契约关系。在这种契约关系中,受益人和捐赠国并非同一主体,受托人拥有完全独立的地位来执行受托任务。”受托人在国际信托基金中扮演着最为重要的角色,一般由少数几个机构主体来担任,如国际复兴开发银行与联合国(包括其专门机构)。这些机构拥有丰富的管理和投资信托资产经验以及充分的组织、人力来实施信托,包括确定受益人群体和实现既定目标,并且由于其在国际上具有独立于成员方的地位而获得充分的信赖。

国家之间以及国家与受托国际组织之间通过双边、多边协议设立国际信托基金时,有时会选择条约、备忘录,有时则选择直接将捐赠款汇往信托基金账户。受托人履行受托义务后,捐赠国会对其行为以明示或默示的方式加以认可。对受托人拟定的标准化协议,捐赠国在绝大部分内容上都会接受,只是在信托基金决策机制和受益人范围方面,捐赠国一般会保留自己的权利。在国际信托基金的形成和运作过程中,不仅有国家、国际组织发挥作用,私人主体也可以通过与受托人签订协议而成为信托财产的接受者。

国际信托基金的一般原则主要包括信托存在的基础是协议而非委托,信托不为第三人创设权利或义务,受益人不具有对抗受托人的权利,信托基金法律人格没有特定要求,信托基金的财产所有权在信托存续期间归受托人所有等。

目前,国际信托基金运作中存在的突出问题是缺乏监督机制。世界银行、国际复兴开发银行以及联合国(包括其专门机构)一般不对它们受托管理的信托财产作出定义。国际社会当前还没有关于国际信托基金的公约,也没有被授权的监督机构。每个国际信托基金均是一个独立、封闭、自治的系统,不受任何外部规则约束,拥有自己的制度与程序。

国际信托制度的缺乏,不仅使捐赠国、受托人对受益人采取相对保守的做法,而且在彼此之间也会采取这种做法。作为捐赠国的国家和作为受托人的国际组织,若希望在财产转移至受托人后,能够免除捐赠国的一切责任,则需要捐赠国也参与到信托基金的决策过程中来。受托人也会尽量避免自己对信托行为承担责任,除非法律文件有明确的规定。在实践中,世界银行会要求捐赠国签署其自己设定的格式协议,并在协议中尽量免除自己作为受托人的责任。缺乏国际信托模式的法律保障,可能导致出现不设定任何受托人义务的国际信托模式,此外,捐赠国或受托人也可能利用他们的地位对信托施加某些政治影响。

尽管缺乏明确的国际信托基金法,且实践中存在各种各样的法律形式和运作方式,但通过政府间国际信托基金的实践,已经逐渐产生一种基于国际法的约束框架和机制,这无疑是国际法灵活性的体现。

目录

第一章 国际信托基金法的基本原则与特征

第一节 概　　述

本书研究的是基于国际法建立的政府间信托基金,故非建立在国际法渊源基础之上以及受托人不是独立国际法主体的信托,不在本书的讨论范围之内。国际法渊源包括双边与多边条约、国际习惯法以及国际法主体之间订立的不具有约束力的协议(谅解备忘录、政府间国际组织的非约束性决议)等。各国为自身的利益设立的信托基金,如主权财富基金也被排除在本书讨论范围之外,因为此类信托基金没有外部受托人,法律关系一般由具有私法性质的国际商法调整。

本章将主要阐明信托基金的基本特征和运作方式,此外,也将讨论政府间国际信托基金的商业属性以及前景问题。政府间国际信托基金是用来消除贫困和环境恶化的主要工具,因此很少有人关注它们的商业属性,尤其是受托人的投资义务和义务的履行方式。本章最后部分将探究国际信托基金资金的某些特性及政治考量，如认捐（pledge）的作用、指定用途的承诺与政策等，最后分析国家捐赠对国际援助体系碎片化的影响。

第二节　国际信托基金的概念

实际上，政府间的国际信托基金是国际法自我监管的产物。自我监管需要两个条件：一是没有正式的法律存在，二是自我监管措施与现有法律一般框架相兼容。不同于国内法下的企业、行业的自律准则，政府间国际信托基金的绝大多数创立者均是公共机构，能够通过并采用正式的法律规范，而且，还可以避开已有的法律制度来创设全新的信托基金。政府间国际信托基金的自我监管与国内法语境下自我监管的含义完全不同。

一、国内法体系下信托的概念

国际法体系下的信托基金概念与国内法体系下的信托基金并无太大区别。1985 年《海牙关于信托的法律适用及其承认的公约》（以下简称《海牙信托公约》）第 2 条对信托基金的定义是，委托人（或称捐赠国、授予人）为了未来某特定人（受益人）的利益而拨付财产，该财产（基金）由一个值得信赖的人（受托人）代表受益人进行管理和处分。[1]《海牙信托公约》设立的目的并非根据任何一国法律对信托进行定义，或是意图统一各国国内信托法，而是通过建立统一的冲突法规则，确定涉外信托的法律适用，同时鼓励没有信托法的国家承认和接受信托。《海牙信托公约》只规定了明示信托，不包括推定信托和归复信托。

---

〔1〕 参见《海牙信托公约》(1985 年 7 月 1 日)。

在古希腊时期的法律工具中就可以找到信托的雏形。至古罗马时期,一人将自己的财产转让给另一人,后者承诺未来将财产再转让给第三人的行为模式已被罗马法认可。其中,有两种模式被认为接近今天的信托,即信托(*fiducia*)和遗产信托(*fideicommissum*)。罗马财产法中的信托是指财产的信托转移,并附有信托约言(*pactum fiduciae*)。根据约言,受托人向财产让与人承诺,只为特定目的使用该财产,并在将来返还财产。如受托人未遵守信托约言,让与人可向受托人主张直接信托之诉(*actio fiducia directa*)。这种基于合同法的权利是对人权(*in personam*),因而不能向接受受托人转让财产的第三人主张。普通法国家的律师则认为遗产信托是普通法系信托概念的起源。遗产信托最初在遗嘱继承领域使用,遗嘱人要求继承人将遗产部分或全部转移至第三人,即受益人。遗产信托的目的是规避市民法(*jus civile*)中禁止某些特定人群世袭继承财产的规定。遗产信托的法律和程序相对独立,尽管司法机构有权审查遗产信托是否与市民法的规定相一致。中世纪时期,遗产信托通过"用益权"(use)逐渐发展成普通法信托的前身。"用益权"产生于委托人为第三人的利益而向受托人转让所有权的情形。[1]

大陆法系也曾试图厘清信托这一概念。德国法学家瑞格尔斯伯格(Regelsberger)根据罗马法中的信托概念提出一个相似的理论。他认为,一方面,约定将财产转移给第三人的合同只是名义上的合同,该约定只针对第三人而不在委托人和受托人之间产生影响;另一方面,信托合同是基于委托人和受益人而言的,受托人是信托财产的权利人这一观念,是为了实现设立信托的目的。[2] 罗马法上的信托或日耳曼法上的信托(Treuhand)是典型的合同约定的产物,其目的是确保受

---

〔1〕 S. F. C. Milsom, *Historical Foundations of the Common Law*, Oxford University Press, 1981, pp. 200 – 239; J. Barton, *The Medieval Uses*, 81 LQR (1965), p. 654.

〔2〕 C. Deligianni-Dimitrakou, *Trust & Καταπιστευση: Συγκριτικη Θεωρηση*, Sakkoulas 2002, pp. 137 – 138.

托人的权利,或者说确保受托人管理委托人的信托财产的权利。[1] 通过这种方式加强受托人对信托财产的权利,并限制委托人援引不当得利而对信托财产主张权利。[2] 20 世纪初,德国法院承认委托人对信托财产拥有某些特定权利,例如,当控制信托财产的受托人进入清算程序时。为了支持这种做法,德国法院发展出新的理论基础,认为委托人是信托财产的实质所有人(substantive ownership),受托人只是名义所有人(formal ownership)。不同于普通法下的衡平法所有权(equitable ownership),委托人的这一权利实际上非常有限。[3] 为了抵销实质所有权和名义所有权分离所造成的对合同稳定性的负面影响,法院援引了直接性(Unmittelbarkeit)原则。根据该原则,只有在委托人已将信托财产转移至受托人,且受托人已处于破产状况时,委托人才能对信托财产主张个人权利,但在信托财产已由受托人转让给第三人的案件中,委托人不再享有此权利。[4]

日耳曼法上的信托在其他大陆法系国家也有所发展,但在形式和方法上存在区别。全球化和国际银行业、金融业对普通法信托的采纳,使一些大陆法系国家,如法国和瑞士,逐渐承认不在罗马法信托基础上发展起来的信托关系,这些大陆法系国家的法院将普通法系的信托调整为其更熟悉的、与本国国内法更为相似的法律制度。

二、国际法体系下的信托

国际法体系下的信托概念可以追溯至 18 世纪大英帝国时期,更

---

〔1〕 C. Deligianni-Dimitrakou, *Trust &Καταπιστευση*: *Συγκριτικη Θεωρηση*, Sakkoulas 2002, p. 140. 这与德国法律不承认这两个理由是有效的合同基础无关,而是基于合同自由原则进行正当性说明。

〔2〕 C. Deligianni-Dimitrakou, *Trust &Καταπιστευση*: *Συγκριτικη Θεωρηση*, Sakkoulas 2002, p. 140.

〔3〕 C. Deligianni-Dimitrakou, *Trust &Καταπιστευση*: *Συγκριτικη Θεωρηση*, Sakkoulas 2002, p. 141.

〔4〕 C. Deligianni-Dimitrakou, *Trust &Καταπιστευση*: *Συγκριτικη Θεωρηση*, Sakkoulas 2002, pp. 142 – 143.

近代的国际信托概念则是在第一次世界大战后为了对一些非洲和亚洲地区的统治合法化,通过国际托管制度(mandate system)而引入的。第二次世界大战结束后,国际托管制度演变出托管领土(trust territory)的概念。这一概念被写入《联合国宪章》第 12 章和第 13 章,作为一些地区走向独立自治过程中的过渡机制。信托和托管领土的管理方式,虽然名义上不是信托,但实质上体现了信托的功能。其中,国际社会(如联合国)是委托人,当地居民为受益人,临时的多边管理组织为受托人。委托人与受托人之间的关系由协议(联合国安理会的决议)承载和维持,受托人仅是一名管理者,不对相关领土享有所有权。近年来,信托概念在国际条约中被越来越频繁地使用,目的是让会员国成为国际环境的受托人以造福人类。

为促进德国恢复经济,第一次世界大战战胜国在《凡尔赛条约》下使用了信托概念。1929 年 6 月 7 日签署的一份报告中确定了"杨格计划",战胜国以信托形式提供贷款以帮助德国恢复经济,德国再分期还清赔款和债务。[1] 根据"杨格计划",1930 年签订《国际清算银行章程》,美国、英国、比利时、日本、德国、意大利、法国等国的中央银行共同设立国际清算银行。《国际清算银行章程》第 2 条指出,国际清算银行的一项职能是作为"国际金融结算的受托人或代理机构",该职能通过国际清算银行与有关各方签订协议实现。这些条款表明,各国将这些早期的政府间信托视为纯粹的合同产物,并将其与代理行为相区别。

随着国际临时托管事件的鲜有发生,之后再未使用过信托来解决这一方面的问题。目前,信托在国际法体系下的运用更像是一种法律工具,以使国际援助更好地提供给受援国,避免捐赠国出现官僚主义和面临统筹方面的困难,同时,捐赠国也不必过度介入受援国的国内事务。

---

[1] P. Clement, *The Touchstone of German Credit: Nazi Germany and the Service of the Dawes and Young Loans*, 11 Financial History Review, 2004, p. 33.

政府间信托基金为以下问题提供了解决方案。第一,建立一个援助资金池,捐赠国可以联合行动,最大限度地利用它们的资源,并扩大它们对受援国的影响力。第二,政府间国际经济组织,如世界银行或者联合国作为受托人参与其中,可以避免捐赠国与受援国之间潜在的政治冲突。第三,受托人拥有设立信托基金和吸引其他捐赠国加入的经验,且能维持和投资信托资产,建立援助分配体系。很大一部分的援助工作,如消灭特定疾病,不是简单地把资金分配给感染者去买药,而是建立适当机制将病毒消除。第四,受托人通过分支机构、当地的合作伙伴参与到当地事务中,雇佣当地的代理机构,授权开展基础设施建设和后勤工作。通过这种机制,捐赠国可以摆脱烦琐的事务性负担,只保留在信托基金运行方面的决定权。

基于人道主义关怀,国际信托基金旨在解决一些持续性、长期性的问题,如环境、教育、发展、金融市场的稳定、财政管理、国际收支平衡和财政稳定、技术和知识培训等。

第三节　国际信托基金与国家主权

在某种意义上,针对一国设立信托可能意味着对受援国主权的侵蚀,尽管捐赠国的本意是为当地民众提供人道主义援助。援助资金一般不是由当地政府分发给受援民众,政府只是参与者而非决策者,此种模式更加剧了对受援国主权的侵蚀意味。而国际信托基金之所以重要,是因为如果一个国家按照自己的条件单独提供捐赠,受援国或许不愿接受,多个国家集体决策则因威胁性小而更有吸引力,受援国更可能在主权方面作出让步。

对受援国的援助并非均与政治相关或伴有强迫条件。例如,应急信托基金的资金来源不只是官方,也包括私人捐赠。这些基金由国际金融机构或联合国作为受托人,国际组织的介入可以缓解单边政策的影响。就环境信托基金而言,其所面对的问题性质与传统主权观念有所冲突,如二氧化碳导致气候变化不分区域,超出国界和主权概念。环境恶化可能导致环境难民的产生、水和食物的短缺,甚至导致战争。因此,为减少和避免环境破坏而创立全球环境信托基金,虽然包含一定程度上的主权干预,但在合理范围内是可取、必要与正当的。

第四节　国际信托基金法的法律渊源

政府间国际信托基金法的主要法律渊源是条约。为了某个共同目标捐赠资金,一般应由捐赠国会议表决通过条约,再设立信托基金。捐赠国会议条约、受托人与捐赠国框架协议、信托基金管理协议共同构成捐赠国之间以及捐赠国与受托人之间的约束性条约。

受托人是一个国际金融机构时,如世界银行集团,它与各捐赠国签订的相关条约均以标准示范条约为基础,一般会涉及《国际复兴开发银行协定》和其他内部文件。这些内部文件非常重要,因为捐赠国与受托人之间的协议会依据这些文件进行解释。对于世界银行,这类文件包括世界银行关于信托基金的运营政策。对于联合国,这些文件包括金融监管规则、与信托基金管理有关的秘书长公告与指令。此外,受托人起草的、捐赠国确认的信托基金条款和条件,同样构成各参与方之间的约束性文件,特别是当此类文件被受托人以正式方式通过后。这一类文件还包括政府间国际组织设立信托基金的决议,这类决议因成员方的投票行为或者国际机构的章程规定而对成员方具有约束力。此类规范性文件是政府间国际信托基金法的重要组成部分。

国际信托基金还存在一些国际习惯法。要求信托关系须通过协议设立、信托资产属于受托人、不能为第三国或主体创设义务等习惯法主要来自两个方面:一是从习惯法本身发展而来;二是来自受托人的指令或者做法,并被捐赠国所接受。

另一个法律渊源与国内法信托的一般原则有关。受托人不拥有信托财产的完全所有权这一国际法原则也来自国内信托法的一般原则。

在国际信托基金领域,确定国家惯例是否存在往往非常困难。一方面,受援国的态度不明确,即使为得到援助而接受基金条件,但同意是单方的,且可能找不到该国反复实践的一贯做法,无法得出关于受援国国家惯例的结论;另一方面,各缔约方在涉及条约内容(或者任何类型的信托协议)的行为中,也很难找到某一规范是基于习惯法的证据,因为缔约方行为可能基于履行协议义务而作出。完全依靠非缔约方行为来判断条约是否对所有国家具有约束力毫无意义。

绝大多数的国际信托基金是在统一和示范合同协议下建立的,受托人也具有此类业务经验。这种统一性体现了捐赠国在用益权和法律方面的一致性,但缺乏可靠的标准来评价受援国的做法。在自然灾害和金融崩溃的混乱中,受托人也并不能为其每一行动建立征得东道国同意的机制。因此,有时很难判断受托人或捐赠国的一项特定行为是经过受援国同意的结果还是其单方行为的结果。

一些国际组织的内部规章可能并不要求必须与捐赠国签署条约。例如,联合国环境规划署与捐赠国达成协议的形式具有多样性,包括条约、谅解备忘录,甚至只是约定按照其他通过条约设立的信托基金一起捐赠给类似项目。联合国开发计划署与捐赠国的协议也是如此。受托人可将自己的授权外包给代理商、与信托财产受益人签署约束性协议、接受私人部门的捐赠等,这些协议均采取民商事合同的形式,构成了国际信托基金法的一部分。民商事合同的重要性体现在其可作为各方争议解决的基础(包括适用法律),此类争议不能通过国家间争议解决方式处理。因此,就国际信托基金在受援国的运行而言,国内法也是重要的法律渊源。

第五节　国际信托基金的基本特征

国际法体系下的信托基金并没有统一的模式,这是因为国际信托基于条约产生,而非简单的授权。不过,国家之间的广泛实践,还是为我们提供了一些国际信托基金的基本要素和共同特征。

1. 以协议为基础

国际上通行的做法是,国际信托的法律文件必须载明受托人和捐赠人双方同意的意思表示,文件的形式则取决于各方意愿。如果捐赠人与受托人均为主权国家,或受托人是具有国际法法律人格的国际金融机构,则既可以采用条约形式,也可以采用谅解备忘录形式。之后如果有捐赠国加入到信托安排中,可以向受托人捐赠一笔款项,或与受托人签订相同的协议,也可以接受最初的信托协定。这些情况中均体现了合意,即使是向基金账户中存入资金,也要经过受托人的同意。

并不是所有参与主体均具有相同的国际法律人格,除国家政府间组织外,还有跨国公司、自然人等。对于这些主体而言,条约并非最合适的安排。因为虽然合同、协议可能具备私法的一些特征,但并不损害此类信托的国际法性质。

政府间信托基金建立在协议基础之上,有利于当事方选择仲裁。同时,信托协议比专门机构的财务规则可能更具优先性,因为它授予了受托人在专门机构作为实施执行主体时审查财务的权利。[1]

设立国际信托基金,并不意味着设立时必须同时存在捐赠国与受托人,此可谓国际信托基金的可分性特征。国际信托基金设立时可能并不存在捐赠国,这种信托基金一般由国际组织设立。这种做法缺乏"同意",没有任何国家希望被强迫向其捐款,根本上违反了国际信托

---

〔1〕 *UN Legal Counsel Opinion of 14 February 1995*, UNJYB, 1995, pp. 414 - 415.

基金法的前提。《联合国秘书长关于设立和管理信托基金的公报》明确指出,尽管联合国秘书处和联合国大会可以依据内部章程设立信托基金,但捐赠国的参与仍需要某种形式的同意。

国际信托基金的协议基础,使其更像罗马法下的信托和日耳曼法下的信托,而非普通法系中的信托。这进一步强化了国际信托基金的合同本质,因为受益人对信托财产、受托人的财产和捐赠国的财产不享有任何权利。国际信托从普通法系中"继承"了委托人可以作为受托人的制度,这在支持罗马法下信托的国家则被禁止。然而,在罗马法下的信托中委托人可以订立有利于第三人的信托合同。国际信托基金更接近罗马法下的信托,这并不意味着当国际信托法对某些特殊事项需要与国内法类比时,普通法系信托不能提供帮助,如受托人的谨慎义务标准。[1]

2. 不为第三人创设权利或义务

在"西南非洲案"中,法院认为,国际信托可为第三国创设法律权利的唯一方式是托管制度,国际法院认为信托协议具有相对性,不能为第三方设定任何权利。[2] 现在的国际信托基金不再包含领土管理的事项,也就不涉及民族自决权的问题。同样地,根据国际习惯法,发达国家建立信托基金帮助发展中国家的做法构成一贯性承诺的说法也无法成立。信托基金的契约性前提否定了此类所有观点。但是,如果信托基金和捐赠国的活动直接造成可以预见的违法行为,那么它们应当对第三国承担责任。

3. 无针对受托人的受益权之诉

同国内信托一样,国际信托基金不仅仅局限于满足个人或受益人的利益。国际信托更类似于目的信托,如慈善信托等。基于信托基金

---

〔1〕 参见本书第四章第五节相关内容。

〔2〕 C. H. Alexandrowicz, *The Juridical Expression of the Sacred Trust of Civilization*, American Journal of International Law, 1971, p. 149.

的合同性质,信托受益人并不享有针对受托人(或捐赠国)的诉讼权利。此类信托合同并未具体指明受益人,仅指明群体、国籍等,由受托人确定受益人,受益人最终可由受托机构或其代理人确定,也可由受托人与捐赠国根据事先拟定的规则确定。这就意味着受益人不在信托基金合同当事人的范围之内,因此对受托人不享有诉讼权利,这与普通法系下受益人享有对受托人的诉讼权不同。受益人对受托人提起诉讼的唯一情形是两者签订支付协议,但在该种情况下,受托人也会通过协议条款或章程限制自己的责任,如《国际复兴开发银行协定》。然而,受益人可通过受托人内部的准司法程序而享有有限的诉权,如世界银行的监察程序。[1] 一些环境条约为私人主体设定了知情权、参与权等某些特殊权利。与受托人根据信托协议对捐赠国承担的信义义务不同,受托人一般不对受益人负有信义义务,除非这些责任在独立的支付协议中明确规定。只有通过捐赠国,受益人才有可能主张受托人违反了支付方面的信义义务。

4. 受托人不作为捐赠国代理人

如果委托人授权代理人行事并改变某些权利和义务,则委托人与代理人存在代理关系(agent or proxy)。代理关系的设立,可以通过两个国际法人(国家或是国际组织)间正式协议、默认或其他行为实现。国际代理法的特点在于委托人对代理人的行为负有责任。

国际法体系下的信托基金是一种特殊法律工具,虽具有代理的某些特性,却与之并不相同。首先,捐赠国不会将其任何国家权力赋予受托人,并通过受托人授予信托基金。其次,信托合同设立了不同的权利和义务关系,甚至明确否认任何代理关系的存在。[2] 最后,在国

---

〔1〕《国际复兴开发银行第 93 - 10 号决议》(1993 年 9 月 22 日)指出,监察组享有对涉及银行作为受托人的集体索赔管辖权。

〔2〕《美洲开发银行建立反腐败活动基金捐赠国协定》(IDB Doc CC - 6146,2007 年 2 月 26 日)第 7 条规定:"本协议中的任何内容均不得解释为在各部门、其他捐赠国与国际复兴开发银行之间建立代理关系。"

际代理法中,捐赠国和代理人必须是不同的法律实体,而国际信托法没有这样的要求。

并非仅仅因为某一实体被指定信托就必然具备了信托的属性,信托可以是没有国际法律人格的工具,由捐赠国创建并行使受托人的拨付资金职能。有人曾向世界银行管理的原型碳基金(Prototype Carbon Fund,PCF)提出过该"指控",主张受托人没有实际权力,且相关联的出资国和私人当事人对所有事项拥有决策权。更重要的是,该基金以减排信用的形式对出资国给予回报,从而可能被视为信托证券。

同样地,受托人并不对捐赠国负有代理职责。代理的产生需一行为人授权给另一行为人,并根据其指示行使权力,被授权主体无权基于自由裁量权行使任何其他权力。国际法中的代理一般存在于以下情形:一国因财力不足无法授权代理行使权力,或基于其他原因要求另一国根据具体指示代理该国在国际会议上投票。显然,委托模式不适用国际信托基金法律关系,因为信托一般赋予受托人决定资产投资与支付的权力,而代理关系不涉及此类授权。

5. 受托人享有默示权力

受托人享有默示权力,该权力不仅约束与受托人交易的第三方,也约束捐赠国。资产的存在意味着受托人以信托管理人身份对资产进行管理和投资。此外,信托协议一般向受托人提供一般性指导,可能存在未说明协议未规定情况下应该如何处理的情况;同样地,也可能存在未规定受托人在作出信托协议未明确授权的决定前是否应取得委托人捐赠国同意的情况。因此,假定受托人享有执行信托赋予职能的默示权力就变得非常必要。两个法律基础可以解释受托人默示权力的存在。第一个法律基础是国际法院阐述的国际组织习惯法。[1] 国际组织习惯法的应用存在两个条件:一是受托人的默示权力受其章程限制,二是默示权力原则已在政府间组织中得到发展和应

---

〔1〕 *International Court of Justice*, Reports 1949, p. 174.

用。对没有国际法律人格，根据国内法设立的信托基金来说，默示权力原则无法适用。承认受托人默示权力的第二个法律基础源于信托协议或信托文件中关于受托人职能的规定。例如，世界银行一般通过政策和指南，对投资、公共采购、财政和其他方面的授权、融资方式、支付等问题作出决策。国际组织的执行机构独立于成员方，并享有管理决策权。而普通信托基金的受托人并不一定拥有完全的决策权，因此，默示权力原则的适用范围是有限制的。

6. 信托基金可以具备、但不必然具备独立法律人格

国际信托基金是由国家和国际组织创设的产物，因此，基金创设者具有国际法律人格。国际信托基金可以仅作为受托人管理的银行账户存在，或者作为依国际会议设立的非正式实体存在，或者具有国内、国际法律人格。国际信托基金并不必然具有法律人格，特别是根据成本收益原则，在可利用受托人现有资源以及基金在当地活动外包方式能够实现目标的情况下。此类信托基金对世界银行集团及其他国际金融机构来说十分常见，并非只作为这类组织管理的银行账户而存在。理论上，银行账户与信托基金在受托人机构内相对独立，受托人订立的每笔信托交易，应以信托基金，而不是账户名义进行。基金是否具有法律人格，或者拥有何种类型，在多大程度上拥有法律人格，取决于基金创立人的意愿，但这种意愿可能在创立文件中并未载明。这种情况下需评估赋予信托基金及管理机构的权力范围，以确定基金的权力及法律人格性质。虽然信托基金采用国际组织的法律形式并不罕见，如全球农作物多样性信托基金（Global Corp Diversity Fund）和商品共同基金（Common Fund for Commodities），但并非常态。

存在多种影响信托基金法律地位的因素。全球性基金，如抗艾滋病、结核病和疟疾全球基金等，涉及公私合作，但基金国际独立法律地位的特点则无法满足基金灵活性和适应性的特点。另外一些情况下，捐赠国只希望获取捐赠资产而不愿参与基金决策或分配，也不希望支付额外的行政费用。如果信托基金未来不确定且需要大量人力资源

和其他资源加以维持运行，在没有捐赠国额外支出的情况下也能存续，则信托基金可以具备法律人格。任何情况下，责任的豁免都是基金创立人选择的最重要因素。基金法律形式的多样性显示了国际信托模式本身的灵活性。

7. 信托基金资产归受托人信托所有

50 多年前，麦克奈尔（McNair）法官阐述了信托基金的一般性原则：（1）受托人对财产的控制权以某种方式受到限制；受托人不同于一般的完全所有人，他们可以按照自己的意志任意处分权利，因为其不能为了自身利益而管理财产；（2）受托人基于信任和道德承担某种法律义务，为他人利益或某种公共目的履行信托；（3）任何受托人试图将被委托财产纳为己有的行为均为法律所禁止。

上述原则是国际法的直接来源之一，涉及信托所有权及受托人信托义务。信托资产在存续期间归受托人信托所有，是国际信托法的显著特点。[1] 德国法院对信托资产形式上的所有权和实质上的所有权作出区分，受托人对信托资产的所有权并不构成真正的所有权，是一种特殊的、可以针对第三方强制执行的信托所有权，而在捐赠国和受托人之间，捐赠国仍享有实质上的所有权。事实上，所有信托协议均明确规定，如果信托授权届满或者以其他方式解除协议，受托人应向捐赠国偿还资产。信托所有权的存在是相对于第三方（非捐赠国）而言，基金资产视为受托人实现信托目的的资产，如果受托人在国际金融机构上享有某种特权和豁免，该资产亦可享有受托人的特权和豁免。因此，如果信托资产享有诉讼豁免权，则可以不受民事诉讼的影响。无论如何，捐赠国均不会因信托基金运作而承担责任，且信托完成目标终止后，基金中剩余资产将退还捐赠国。此外，信托所有权要

---

〔1〕 参见《全球环境基金协定》附录 B 第 1 段“全球环境基金信托基金受托人的职责和信托责任”；《国际复兴开发银行与抗艾滋病、结核病和疟疾全球基金关于建立信托基金的协定》第 4 条。

求受托人向捐赠国履行信义义务，包括管理、投资、分离信托基金账户与其他账户，向捐赠国财务报告并进行审计，避免利益冲突和自我交易等。这些义务记载于相关协议中，即使没有被明确提及，实际上也会由受托人履行，从这一意义上讲，上述义务可归为受托人的默示义务。

信托所有权规则仅有一种例外情形，即在国际货币基金组织重债穷国倡议（Heavily Indebted Poor Countries，HIPC）和多边债务减免倡议（Multilateral Debt Relief Initiative，MDRI）信托基金中，捐赠国（债权人）与受益人（债务人）缔结双边协议免除债务的情形。这种情况下，债权人不会将债务转移或出售于受托人，因此，受托人不会将债务作为资产持有。

8. 信托构成干预

当一国决定投入资源以帮助减轻另一国经济困境，或协助特定行业成员时，实际上已经破坏了自由市场的规则，本质上构成某种干预主义。例如，欧洲经济共同体委员会于 1962 年设立的欧洲农业指导和保证基金（European Agricultural Guidance and Guarantee Fund，EAGGF），为使欧洲农民农产品的价格得到保证，在价格低于一定水平时购买农产品，显然构成了对全球农业政策的干预，后来此政策被调整为可持续性农业政策。[1] 另外，国家间的财政援助一般不会对国际贸易产生明显不利影响，国际社会不会将自己置身于以私营实体为主体的市场经济体系中。这种形式的干预主义以及旨在避免国家金融破产的信托无疑受到追捧。如果国际信托基金运作产生了扭曲

---

〔1〕 欧洲农业指导和保证基金现已被两个相互关联的信托基金取代，即欧洲农业保障基金（European Agricultural Guarrantee Fund，EAGF）和欧洲农村发展农业基金（European Agricultural Fund for Rural Development，EAFRD）。这两个基金通过《欧洲共同体第 1290/2005 号关于共同农业政策融资条例》（2005 年 6 月 21 日）设立，OJL 209/1（2005 年 8 月 11 日）。《欧洲共同体第 1290/2005 号关于共同农业政策融资条例》第 3 条第（1）款第（b）项规定，欧洲农业保障基金的目标之一是资助“规范农业干预措施”。

竞争,破坏区域、全球国家援助规则或贸易限制的影响,则需要对其进行某种形式的监管,至少需要适当的自我监管。这种情况下,应当由世界贸易组织(World Trade Organization,WTO)、欧洲法院(European Court of Justice,ECJ)和其他争端解决机构,通过诉讼管辖或咨询进行解决。

第六节 主权财富基金

国内信托基金也可以具有公法性质,如主权财富基金(Sovereign Wealth Funds,SWF)。主权财富基金一般由各国中央银行或其他政府部门设立,其法律基础是私法与公法的结合。一方面,主权财富基金依据公法具有独特的法律人格;另一方面,主权财富基金则只是作为中央银行管理的资金池,不具有法律人格。如果主权财富基金具有法律人格,则可以基于公法性质的章程,也可以根据公司法注册成为私营公司。后一种情况下,主权财富基金由财政部控制,并由中央银行或其他法定管理机构管理。主权财富基金的目标很广泛,包括为未来储备,维系财政稳定,或者进行投资。

主权财富基金也具有国际法特征。基金管理人往往被授权在央行或其他机构的政策范围内不断投资并增加基金资产。这意味着主权财富基金必须在国际舞台上不断寻找投资机会,包括购买上市公司、私人公司的股票(证券),购买外汇或对私人基金和金融工具进行投资。这些操作可能对国民经济产生有利的影响,如外部收入带来新的投资和新的就业机会等。主权财富基金的野心及未受监管的跨国购买力和对收购企业的管理,可能对一国经济敏感部门、敏感行业如武器制造、国家资源及能源等产生影响。这些行业被出售、交易和清算,可能受失业率、地缘政治、军事、金融及其他国家利益的影响。因此,在避免助长保护主义和过度监管的前提下,需要通过国内立法与国际合作对外国主权财富基金进行监管。

加大主权财富基金的透明度，可以减轻人们对国家安全的担忧，但主权财富基金并不负有这种国际义务。因此，强制外国主权财富基金加强披露的做法在某种程度上是合理的。[1] 国际货币基金组织曾成立主权财富基金工作组起草主权财富基金自律行为准则，以加强基金的透明度。该准则由 20 项核心原则组成，已于 2008 年 10 月通过。[2]

第七节　投资因素对国际信托基金的影响

一、作为投资工具的国际信托基金

受托人的一项重要义务是对信托基金资产进行投资。根据国际法建立的信托基金，并非以盈利为目的，而是旨在实现人道主义、促进发展和国际环境保护等。因此，政府间国际信托基金资产的增加，也并非为了盈利或投资利益，而是为了满足信托基金在财务上具有可持续性的需要。本节主要探讨的问题是，是否应将国际信托基金的这些投资活动视为国际投资法及外国直接投资法语境下的投资行为。

国际货币基金组织将直接投资定义为："一国居民从居于另一国的企业取得持久利益的跨国投资，投资者与企业之间存在长期关系，

---

〔1〕 2007 年《美国外商投资和国家安全法案》(Foreign Investment and National Security Act of 2007, FINSA) Pub. L. 110 - 49。其中，该法案要求外商投资委员会(The Committee on Foreign Investment in the United States, CFIUS)审查外国政府或外国政府控制实体收购美国资产的交易。总统或委员会可考虑将敏感军事技术转运或转移的可能性作为确定拟议交易国安全影响的一个因素，以及交易对关系国家安全和美国主要能源资产的基础设施的影响。

〔2〕 国际货币基金组织主权财富基金国际工作组:《圣地亚哥原则》(2008 年 10 月)，载主权财富基金国际工作组 2020 年 8 月 4 日，www.iwg-swf.org/pubs/eng/santiagoprinciples.pdf。

且对企业管理产生重大影响。”[1]上述定义明确了直接投资的长期性因素、控制力因素和风险假设。国际直接投资不同于间接投资，后者主要包括股权证券、债权证券、货币市场工具和期权等金融衍生工具投资。[2] 以下活动被归类为直接投资：收购公司股份、依据东道法律组建和注册公司、签订贷款协议、签订施工合同、收购市场份额、进入国外市场、投资转移到东道国的知识产权等。

依据国际法设立的信托基金可参与以上投资活动，如签订施工合同或组建公司以实现总体目标，收购公司股份以履行受托人投资信托资本的义务。政府间信托基金的投资一般不会包括在《解决国家和他国国民间国际投资争端公约》或《双边投资条约》中，原因在于这些条约仅涉及私人实体的投资，因此，解决投资争端国际中心（The International Center for Settlement of Investment Disputes，ICSID）仲裁不适用于政府间信托基金及其投资行为。

与私人投资者不同，多数政府间信托基金拥有国际法律人格，受托人一般为国际金融机构或联合国等政府间组织，受托人可以根据与目标国缔结的创始/章程文件，从事与信托有关的活动。紧急情况下，目标国政府只须对受托人从事的活动进行默许，不需要正式的、书面的以及先前确认的文件。具有独立地位的信托基金不仅应根据其与东道国达成的协议承担责任，也对其他私人主体履行合同义务。无论受托人的法律地位如何，受托人代表信托基金购买金融工具时，须遵守相关国家的证券法和类似法律的要求。

政府间信托基金的地位有时并不确定。根据国际法成立的信托基金，因其特殊地位而享有特权和豁免权，但在与私营机构的竞争中，其投资行为享有的特权与豁免权不应造成某种保护主义和竞争扭曲。

---

〔1〕 国际货币基金组织：《国际收支手册》第 359 段，载国际货币基金组织官网 2020 年 8 月 4 日，www. imf. org/external/pubs/ft/bopman/bopman. pdf。

〔2〕 国际货币基金组织：《国际收支手册》第 91 段，载国际货币基金组织官网 2020 年 8 月 4 日，www. imf. org/external/pubs/ft/bopman/bopman. pdf。

实践中，受托人一般并不援引他们的特权和豁免权，可能的解决方案是，将信托基金的商业投资层面与公共政策层面分离。实际上，大部分这类信托基金投资的是那些不具备投资资格的金融工具，国际货币基金组织的重债穷国和多边减债信托基金就属于这种性质，其资金或债务减免的实质是对国家贷款，获得贷款的国家按照协议须遵守考核指标和完成方案评估。这种贷款是年利率为0.5%、贷款期为10年的优惠贷款。欧洲共同体成员方向国际货币基金组织的信托基金提供此类出资。

总之，政府间信托基金一般不受国际投资法的约束，但在购买金融工具时将受到国内法（如证券法）的监管。受托人从事非间接投资的情形存在较大不确定性。这种情况下，信托及其投资的地位将依据合同或条约、信托协议及受托人章程（例如，《联合国宪章》和《国际复兴开发银行协定》）作出判断。此外，信托投资的法律地位可参照信托与东道国缔约方之间签订的合同确定。仲裁庭在处理政府间信托基金投资的问题时，也可以通过外商投资惯例法的相关内容加以类推适用。

二、适用私法的国际信托基金

在一些特殊情况下，尽管政府间信托基金本身并非商业活动，但也会关注投资收益。出于对市场经济规则的尊重，特别是在可能涉及国际组织的豁免权或责任限制的情形下，这些实体的商业活动不应适用国际法。例如，成立于1994年的欧洲投资基金（European Investment Fund，EIF），其作用是建立风险资本投资，促进欧洲风险投资市场发展，为中小企业、中介银行和金融机构提供担保工具，为中小企业获得债务融资提供便利。欧洲投资基金在市场条件下从事商业活动，专注于投资者利益的最大化。与大多数政府间信托基金不同，欧洲投资基金没有外部受托人，其内部设有三层管理结构，包括股东大会、董事会和总裁。基金与受益人之间的潜在争议将根据协议条款以诉讼或仲裁方式解决。欧洲投资基金虽不受政府间信托基金特殊制度的约束，却受到欧洲共同体法律的调整，其商事交易会受到交易所在国的私法约束，但不适用信托基金相关的国际法。

第八节　国际信托纠纷能否通过仲裁解决？

国际法下的信托基金以协议为基础，这有别于普通法系中的信托理论，也不同于罗马－日耳曼法系中的信托。普通法系下委托人可以通过授权或遗嘱设立信托，没有就信托本身订立协议。此外，根据捐赠人的授权或遗嘱，受托人和受益人不会事先与捐赠人达成关于权利、义务的协议。因此，从本质上讲，信托缺乏要约和承诺这两个协议有效的先决条件。鉴于只有反映当事人共同意愿的合同争议才适用仲裁，仲裁并不适用于普通法管辖的信托纠纷。这个观点在普通法系国家已被普遍接受，而在大陆法系国家，信托被界定为合同产物或为第三方利益而订立的合同，法院也承认信托文件中仲裁条款的有效性。

鉴于普通法系和大陆法系传统的以上区别，我们无法从国家法律中总结出信托可仲裁性的一般原则。有观点认为，将商业信托纳入非契约制度是一种法律虚拟。就依照国际法设立的信托基金而言，其合同性质绝非法律虚构，在实践和法律层面，受托人的同意至关重要。此外，政府间信托基金适用国际公法，一般允许在其管辖范围内的争端通过仲裁解决。

尽管信托协议的当事人并不包括受益人，因而受益人没有根据仲裁条款进行仲裁的资格，但在被确定为受益人并与受托人签订有关支付书面协议时，存在以下情形，受益人可以通过仲裁解决争议：(1)与受托人的协议明确约定仲裁；(2)信托基金协议明确规定，一旦受益人与受托人签订支付协议，即将仲裁权扩大适用于受益人。需要强调的是,受托人与受益人之间的支付合同仲裁,并不涉及受托人与捐赠国之间的合同义务,即使受托人对受益人负有信义义务。

国际法体系下信托基金的争端解决程序规范三种法律关系:捐赠国之间的关系;捐赠国与受托人之间的关系;受托人与受益人之间及目标国权力机关与其执行机构之间的关系。这些关系中有许多属于保密性质,即使有的不具有保密性质,各国也不希望公布此类争端的细节,而且一般倾向于通过双方协商解决这些问题。在指定解决特定争议的适当机制之前,必须首先确定关系的合同基础、适用的法律、裁决该事项的法院(如果当事人之间有争议)和机制本身。

捐赠国之间的协议,即使未采用书面形式,其承诺也对承诺国自身产生约束力。除了缔约方在多边文件中载明的承诺之外,承诺国将与受托人签订的双边协议也构成其承诺的法律基础。受托人与目标国没有直接的契约关系,但也存在例外;对于世界银行而言,它与目标国政府的关系由《国际复兴开发银行协定》[1]调整。受托人与受益人之间的关系以及与其执行代理人之间的关系一般基于书面协议建立,该协议独立于受托人与捐赠国之间的协议。如果受托人具有国际法人格,如政府间组织,受托人与捐赠国之间的法律关系将受国际法调整,除非当事人另有约定。对适用于捐赠国之间相互关系的法律来说也是如此。受托人与私人捐赠人之间的关系受国内法管辖。受托人和受益人之间的合同可能没有提及适用法律或争端解决程序。设立信托基金的协议以及受托人的章程也均未规定在一方为私人主体的情况下所应适用的法律。在上述情况下,鉴于合同在私人主体所在国履行,合同应受目标国法律的管辖。

---

〔1〕 根据《国际复兴开发银行协定》第 9 条第(1)款和第(2)款的规定,如果对协议的解释产生争议,则应将争议提交给银行理事会。如果提出上诉,世界银行可以在作出上诉决定前根据执行董事会的决定行事。在这种情况下,上诉决定是最终的,对银行及其成员均具有约束力。参见 I. F. Shihata, *Avoidance and Settlement of Disputes*, *The World Bank's Approach and Experience*, 1 Int'l Law Forum du Droit Int'l, 1999, p. 90。

信托基金如果在国际组织内部设立,基金设立文件则可能没有关于争端解决的条款。如果国际组织主要机构与成员方之间发生争端,很可能会通过该组织的内部程序或章程解决。由于捐赠国不愿经历冗长的争端解决程序,一些政府间信托基金会采取其他做法。1980 年《建立商品共同基金协定》第 53 条规定,基金与任何成员之间在基金运作终止期间发生的任何争议,应当提交仲裁。《全球作物多样性信托基金的设立协议》第 2 条第(1)款也作出同样的规定,其所涉及的争议范围更为广泛。

捐赠国并不总愿意适用国际组织的章程及内部程序。2005 年《多边投资基金管理协定(二)》第 7 条第(5)款规定,捐赠国与受托人之间发生的任何争议,应当提交仲裁。信托基金与外部当事人签订的合作协议也是如此。在未订立条约或私人合同的情况下,不能视为当事人自愿适用仲裁条款。这种情况下,适用仲裁条款并非强制性义务。当事人只有表达了将争议提交仲裁的意图,才可以将争端付诸仲裁。

政府间信托基金协议中的仲裁条款大多为一般性条款,通常不会对仲裁机构的类型(如临时仲裁或机构仲裁)、管辖法律、仲裁庭以及程序法方面的事项作出约定。

第九节　捐赠人保证、承诺与基金的资金补充

本节探讨捐赠国将金融资产转移至信托基金以及补充资金的机制,这些机制主要包括允诺(promises)、保证(pledges)与承诺(commitments)等方式。联合国内部有专门适用于信托基金认捐的机构文件《联合国秘书长关于设立和管理信托基金的公报》,[1] 但该公

---

[1] UN Doc. ST/SGB/188/1/Rev. 3,1982.

报并未澄清保证与承诺之间的区别。我们不应低估信托基金融资方式的重要性,也不应当然地假定捐赠国乐意为项目提供资金或者恪守认捐承诺。

一、捐赠人保证的法律性质

政府间信托基金指一个或多个捐赠国转移至受托人账户的所有资产。[1] 无论捐赠人是国家、政府间组织还是个人,均始于自愿行为,但捐赠人的保证最终会对捐赠人产生约束力。

和平条约一般会呼吁条约发起国或其他潜在捐赠人为实现冲突后的国家治理、体制建设、健康、基础设施等目标而提供捐赠。但这些条约对捐赠人并没有约束力,虽然在政治层面上,保证人也被预期能够提供捐赠并募集其他资金。和平条约中的捐赠条款并不产生惯例或条约法下具有约束力的许诺。

我们还需讨论多边捐赠人会议背景下保证的法律性质。联合国举办的捐赠人会议经历了三个阶段。1977 年以前,联合国组织为每一个项目举办个人捐赠活动,后来调整为每年组织一次大型的捐赠人会议。21 世纪初,那些最具影响力的国家在出资习惯上发生变化,如果不能落实结果导向机制或受赠人责任追究制度,发达国家将不再简单地将资金投入项目中或投向发展中国家,它们希望增加对当地项目的所有权以及减少易引发贪腐的政府干预。[2] 这些诉求促发了不同捐赠人会议的召开,特别是在设立政府间信托基金或在紧急情况下,如 2003 年在马德里召开的伊拉克重建会议、2006 年在伦敦举行的阿富汗问题国际会议。这些会议可以制定、通过自己的程序规则,从而能够帮助认定这些会议上作出的承诺是否具有约束力。如果会议组织

---

〔1〕 捐赠国所转移的资产并不局限于现金。性质上可能是赠与、贷款或两者组合的形式,支付方式上可采用分批付款、一次性付款或其他付款方式。

〔2〕 UN S-G Report, *Pledging Mechanisms to Fund Operational Activities for Development of the United Nations System*, UN Doc A/57332, 2002, pp. 4 – 5.

者坚持将每一项保证均纳入需经批准的多边条约当中，与仅要求作出口头保证的会议是不同的。根据国际捐赠人会议的惯例，不应赋予保证与允诺（单方行为）相同的含义，否则将会使作出（单方）许诺国表达的意愿具备约束力。更确切地说，保证的法律性质并非具有约束力的允诺。事实上，对潜在捐赠人唯一具有约束力的是捐赠行为本身，即资金的实际支付或货物向受捐人的实际转移。只有当支付或转让时，捐赠人出资保证才受到约束，此外，保证仅应被视为自愿提供资金的一种意愿。因此，在国际法中，保证仅构成一种非约束性公示，[1]但以有约束力协议方式表明的除外。在保证和捐赠之间确实存在中间类别，即承诺。承诺在捐赠国和受捐人之间建立起法律的、合同的义务，也明确了承诺（履行的）账户。

由于捐赠人会议可能无法形成有约束力的承诺，需建立适当机制以防保证无法兑现的情况发生。在捐赠国之间缔结多边条约（或具有约束力的保证），或使受托人与每一捐赠国签订双边协议都是可行的方式。无论何种情况，条约或协议均需要签署国议会批准。《联合国秘书长关于设立和管理信托基金的公报》对保证作出以下定义：

> ……捐赠国对信托基金作出的书面捐赠承诺（需要被国家立法机关批准的书面承诺视为保证）。保证只有在信托基金正式成立后才可以被接受……[2]保证的作出及接受，应当以书信记录，或以更为正式的协议方式作出记载。[3]

---

〔1〕 参见 J. E. Archibald, *Pledges of Voluntary Contributions to the United Nations by Member States: Establishing and Enforcing Legal Obligations*, 36 Geo Wash Int'l LR, 2004, pp. 317 – 318、329。Archibald 合理评论道：关于无偿自愿捐款，联合国没有援引《联合国宪章》第 19 条。

〔2〕 UN Doc ST/SGB/188/1/Rev. 3, 1982.

〔3〕 UN Doc ST/SGB/188/1/Rev. 3, 1982.

对该规定的合理解释应当是：(1)保证与承诺在《联合国秘书长关于设立和管理信托基金的公报》中具有相同的含义；(2)只有书面保证才具有约束力；(3)保证出现在书信往来或其他协议中，在信托基金管理人以书面形式收到后始具有约束力；(4)使保证对认捐国不产生约束力的限制取消时，保证始具有约束力。

根据受托人的管理经验、影响力以及信托基金创建者给予的授权，受托人会努力建立一种将保证变为具体承诺的机制。在很大程度上，世界银行已使这一过程变得标准化和简便化。全球环境基金(Global Environment Fund，GEF)是一个典型的例子，捐赠国须签署一份保证书，保证书作为一项具有约束力的协议，需经各国议会批准。受托人同时也为满足全球环境基金的增资需要确立约束性保证。另一种机制是签署多边条约(较为少见)，且条约中各方承诺的真实意图需得到确信。例如，旨在补偿纳粹时代受迫害犹太人的纪念、责任和未来基金会由全体缔约方根据联合声明建立，德国政府许诺向基金会提供捐款，该联合声明并非不具约束力的保证，不仅文件本身有明确约束力的表述，德国和美国之间签订的执行协定也在同一日生效。[1]

联合国法律顾问强调了向联合国及其机构捐赠的免税问题。[2]例如，根据美国法律，只有在该国成立的慈善机构才有资格获得免税捐赠，政府间组织不具备该资格。只有当根据联合国规章成立的基金会进行分拨，且基金会经授权将捐赠转移至所需捐助的机构时，联合国机构才可以获取免税捐赠。[3] 因此，美国联合国协会、美国联合国

---

〔1〕 *Agreement of* 17 *July* 2000 *Concerning the Foundation Remembrance*, *Responsibility and the Future*, 39 ILM, 2000, p. 1298, Chapter 2.5.2.

〔2〕 *Opinion on a Legal Framework for the UNDP's Use of Donations from Non-Governmental Sources*, UNJYB, 1996, p. 463.

〔3〕 *Opinion on a Legal Framework for the UNDP's Use of Donations from Non-Governmental Sources*, UNJYB, 1996, p. 465.

儿童基金会等均服务于此项目。这些基金会不仅作为分拨资金的工具,还要履行其他职能。这显示了政府间信托基金在联合国系统或其他方面接受私人捐赠时所面临的一些问题。无论如何,政府间信托基金的主要捐赠国的政治实力及受托人的影响力,很大程度上决定了其他捐赠国捐赠的募集和支付方式。

二、信托基金的补充

信托基金资金来源包括初始资本、额外捐款(包括增资)、资本收益、利息和股息收益累积以及可能的货币收益。由于提款、支付管理费(包括向受托人及其执行机构)、资本损失以及货币损失等原因,信托基金的价值也不可避免地会减少。信托基金设立以后,捐赠国将根据基金的操作周期,在约定的期限内向基金提供补足资金。受托人会要求捐赠国在业务周期结束时补充资金。即使对已成功实现目标的基金,信托基金的资金补足也绝不会自动实现,都要经过激烈的谈判。由于其本国经济原因或被其他项目或信托所吸引,捐赠国可能并不愿提供新的资金,或者不愿意提供受托人要求的数额。无论从法律还是从事实的角度看,补充融资的过程与最初的捐赠人会议并无不同。受托人必须与每个捐赠人重新协商签署具有约束力的协议。[1]

就捐赠国而言,现有信托基金的补足并不仅仅涉及财务资源承诺,还包括捐赠国的投票权和决策权,大多数信托基金根据捐赠国的捐款数额分配投票权。最近的实践表明,某些信托基金打算限制一些捐赠国的投票权,因为这些捐赠国拖欠了已承诺向基金支付的款项。[2] 当补充资本的捐赠国考虑它们的资金运用及策略时,可能也

---

〔1〕 参见《全球环境基金信托基金补充融资:经世界银行执行董事批准的修订决议草案》(GEF Doc. GEF/R. 4/34,2006 年 5 月 24 日)。

〔2〕 参见《全球环境基金信托基金第四次增资的政策建议》(GEF Doc. GEF/R. 4/32,2006 年 5 月 19 日),第 21(c)段。

会考虑其捐赠的增加将加强其决策权的优势。[1] 这种考虑在信托基金领域非常普遍，例如，全球环境基金，它之所以能够影响和塑造某一领域的国际关系和政策，不仅因为它们的财政能力和作为发展中国家的可信任度，而且因为这种信托基金本身可能成为重要的国际参与者。因此，与最初为一个新创建的政府间信托基金募集资金不同，一些国家可能基于信托基金的成功而将增资视为一种有价值的政治举动。

三、指定用途款项：操作与政策

指定用途款项是附条件捐赠的款项，即该笔款项只能用于特定用途。如果筹资条约规定捐赠国有义务提供资金却不需要指定具体用途，则捐赠国关于特定用途的单方面声明构成解释性声明；并视具体情况判断是否构成条约保留。[2] 只要符合条约的目标和宗旨，保留和解释性声明则是允许的，因此，如果承诺书和基金章程协议（即使不是条约）对指定用途未作规定，则应假定指定用途是被许可的。一些政府间信托基金的性质决定了必须划拨专款，如为资助发展中国家的一项紧急事件而设立的单一信托基金的情形。这种情况下，受托人不应改变基金的用途，也不应禁止捐赠国指定其捐款用途。在绝大多数情况下，信托章程文件将规定是否允许指定用途。只有在例外情况下，受托人才允许捐赠国在承诺书中提出指定专款用途的请求。这一例外无疑会涉及巨额捐款，捐赠国将在这方面明确要求如何以及在何处使用这笔捐款。由于此类请求可能违反基金章程，受托人只有得到基金执行董事会的批准，才能满足捐赠国提出的要求，否则可能构成越权行为。如果受托人在收到款项后，对捐赠国所附条件未

---

〔1〕 I. F. Shihata, *The World bank Legal Papers*, Martinus Nijhoff, 2000, p. 579 ff.

〔2〕 参见1969年《维也纳条约法公约》第2条第(1)款第(d)项，“保留”一词是指“一国在签署、批准、接受、通过或加入条约时作出的单方面声明，无论措辞或名称如何，意图是排除或修正条约中某些条款在适用于该国时的法律效力”。

作任何反对，则视为受托人已默认捐赠国所附条件，这些资金将用于指定用途。

第十节　国际信托基金碎片化问题

国际法的碎片化概念描述了一种进程。这一进程中，某一特定问题或争端可以由多种机制处理，也可基于独立制度进行处理。[1] 例如，有关海洋法的争端在国际法院和国际海洋法法庭（International Tribunal for the Law of the Sea，ITLOS）中均能找到管辖权基础，而不存在哪个司法机构享有首要管辖权的问题。[2] 同样，贸易争端也受到多种法律制度的制约，例如，WTO、欧洲共同体、双边或其他区域贸易协定的制度等。

对于根据国际法设立的信托基金，碎片化现象不应存在，其原因在于，信托基金的设立是通过集中金融和其他资源以实现共同目的，将这些资产分散到服务于同一目的的多个项目或基金里没有意义。这样做不仅需要大幅降低投资回报，削弱现有资源的潜力，还意味着项目的范围受到限制。此外，碎片化资产带来的风险是，不同行为人利用这些资产捐助相同的受赠人或项目，造成行政费用和后勤费用重复支出。基于捐赠人会议，政府间信托基金可以避免这种风险。但是，如果各国认为建立一个竞争性的信托基金能更好地满足其特殊的政治利益，则碎片化不可避免。

---

〔1〕 参见 A. Fischer-Lescano & G. Teubner, *Regime Collisions: The Vain Search for Legal Unity in the Fragmentation of Global Law*, 25 Mich JIL, 2004, p. 999；联合国国际法委员会（International Law Commission, ILC）：《国际法多样化和扩展所带来的困难》（UN Doc A/CN. 4/L. 682, 2006 年 4 月 13 日）。

〔2〕 A. Boyle, *Dispute Settlemnt and the Law of the Sea Convention: Problems of Fragmentation and Jurisdiction*, 46 ICLQ, 1997, p. 37.

信托基金目标的有限碎片化,一般认为存在两个重要的影响因素。第一个影响因素是致力于类似目标的基金受托人之间缺乏协调。例如,世界银行可能不知道或忽视另一个国际金融机构或受托人正在管理具有类似目标信托基金的事实。由于信托基金在过去 20 年内激增,且缺乏详细记录所有信托基金及其目标的登记机制,上述现象完全有可能发生。如果两个信托基金被授权在同一领域(如减少贫困)帮助同一个目标国家,由于它们的目标可能不同,情况则会更加复杂。例如,一个通过教育计划和援助解决贫困问题,另一个则通过提供财政管理来解决贫困问题。在这种情况下,设立两个不同的信托基金则有充分理由,但这是否是最佳解决途径尚不明确。这可能不必要地分散了国际社会的努力,重复支出了管理和行政费用,分散了宝贵的专门知识,更不用说造成由于缺乏协调而产生的潜在冲突。这也可能成为两个基金产生不必要竞争的根源。假设由单一的信托基金评估贫困的系统性影响,并为各种方案提供资金,则最有利于协调所有人的目标。因此,为了更好地整合和有效利用捐赠国捐款,有必要在国际组织下设立一个信托基金中央登记册,联合国将是这项任务的最佳机构。

碎片化的第二个影响因素实际上是多重的,往往涉及项目所有权和捐赠国疲劳等问题。从捐赠国角度看,项目所有权意味着捐赠国不愿意让其他人决定如何、何时和向谁支付其捐款。就多边信托基金而言,即使财力雄厚的国家也不具备决定性的投票权。自资金交付受托人之日起,就很难使自己的政策发挥影响。因此,某些情况下,一些国家更倾向于与立场相近的国家建立双边或有限的信托基金,或设立参与门槛,以便更好地加以控制。这种情形在环境项目中尤为明显,除全球环境基金外,还有其他供资机构为环境项目提供资金,如国际农业发展基金(International Fund for Agricultural Development,IFAD),两者均为政府间信托基金,但它们的资金潜力和条件无法满足所有的环境项目需要。

一些国家可能认为政府间信托基金的机制过于烦琐，各自的国际发展部门更适合向所需目标国提供援助方案及资金。这种办法在项目期限中可以确定，且拥有足够专门知识的情况下是相对可取的。碎片化不仅可能体现在已有的信托基金上，也可能体现在各国或国际组织不设立信托基金的单边或多边行动上。

最后，碎片化还反映在私人机构的慈善意愿上。大多数政府间法律信托基金直接接受私营机构的捐款，但信托基金的碎片化及中央登记册的缺乏，使人们无法得知它们在哪里、它们的作用以及非国家主体如何作出捐赠。因此，许多并不需要大量资金但不为公众所知的小型基金面临着资金短缺的问题。这是国际法信托基金加以协调并以某种方式纳入慈善系统的另一个理由，这样做的目的在于避免重复性的工作。

第二章　国际信托基金的法律基础与契约关系

第一节　引　　言

本章包括两部分,第一部分探讨国际法体系下信托基金法律模式的分类,第二部分探讨政府间信托协议的各种契约关系,特别是受托人与捐赠国之间的协议,笔者从公法、私法两个方面考察这些协议关系。

一、基于条约设立的信托基金

全球环境基金是政府间信托基金的一个典型例证。全球环境基金于 1994 年由一些国家与联合国专门机构以协定形式设立。但是,根据 1969 年《维也纳条约法公约》,似乎不能当然地认为全球环境基金的协定构成一项条约,特别是考虑其设立目的为接收全球环境基金的前身——全球环境信托基金——的资产,并继续履行该基金的职责与义务。全球环境信托基金根据世界银行的一项决议而设立,不具有独立的法律人格。[1] 因此,判断《全球环境基金协定》是否符合条约法标准,须解决以下两个问题:(1)不具有国际法律人格实体的资产、义务和责任是否受合约制度的约束;(2)《全球环境基金协定》的缔约方是否明确表示受该协定条款的约束。

第一个问题涉及基金资产的所有权,也涉及将一个非独立的政府间组织的权利、义务转移至依条约设立且具备独立法律地位的多边国际组织的行为。根据信托法,信托关系存续期间,信托基金资产的所有权归受托人名义所有。在理论上,即使捐赠人反对将信托基金资产转移至多边实体,但如果这种转移符合信托协议的目标和宗旨,则这种转让属于受托人自由裁量的范围。全球环境信托基金建立在捐赠人之间的协议基础上,因此,全球环境信托基金是合同性质的,其捐赠人绝大多数也是《全球环境基金协定》的缔约方。世界银行作为全球环境信托基金的受托人,承担权利和义务,同样是基于其与委托国家间的明示的契约关系以及其作为受托人默示存在的义务。理论上,信托权利、义务与信托资产不能分离,除非在信托协议中有明确规定,因此,不存在将基金资产及相应权利、义务转移至其他多边实体的法律障碍。

第二个问题是《全球环境基金协定》是不是具有法律约束力的条约。《全球环境基金协定》确立了三重关系:(1)基金成员资格。该资格对国家和联合国专门机构开放,但职权范围并不同。(2)向世界银行、联合国开发计划署(The United Nations Development Programme, UNDP)及联合国环境规划署(The United Nations Environment Programme, UNEP)授予执行机构地位。(3)任命世界银行为受托人。[2] 《全球环境基金协定》第7段虽然规定各国和联合国专门机构

---

〔1〕 全球环境信托基金由《国际复兴开发银行执行董事91-5号决议》(1991年3月14日)设立。在签订重组全球环境信托基金为全球环境基金的协议后,通过《国际复兴开发银行94-2号决议》(1994年5月24日)正式实施了这一重组。

〔2〕 参见《全球环境基金协定》第8段、第22段。

均可为“参与方”，却享有不同的权利。全球基金理事会是基金最高级决策机构，由特定地区的国家实体组成。此外，有些参与国不必向基金捐款，作为非付费参与者参与全球环境基金的工作。如果一个国家已提供捐赠承诺书，该承诺等同于一项有约束力的保证。[1]

在全球环境基金中，参与方需形成两种不同的契约关系。第一种契约关系涉及参与者地位。与其他条约一样，《全球环境基金协定》要求参与方交存一份参与文件。对缔约方而言，参与文件相当于一份批准书，因为参与文件由政府正式授权代表，由其代表政府签署。[2] 第二种契约关系以承诺书为基础，[3] 参与方通过承诺书向基金作出认捐承诺。[4] 两份契约性法律文件为签署方创设了权利和义务，如支付义务和参加基金理事会和大会的权利等，对签署国产生约束力。但在缔约方与基金之间不一定产生法律效果，除非基金具有国际法律人格，且能够以自己的名义订立合同。

参与基金协定和承诺是否需本国议会批准也非常重要。在一些国家，宪法授予本国政府与政府间组织和其他国家签订协定的权利，特别是签订关于贷款、财政和类似问题的协定，在特定情况下，这些协定不经议会批准即可公布施行。即使在需要议会批准的情况下，批准也可能在立法通过之前作出。由于有关法律文件由国际组织交存，所涉及的法律关系不仅受国家之间条约法的约束，也受国家与国际组织之间条约法的约束。受托人和执行机构的义务可以由各机构执行理事会决定，受托人作为《全球环境基金协定》的当事人，与所有其他参与方均受到协定约束。

---

〔1〕 关于信托承诺的法律性质，参见本书第一章第九节。

〔2〕 参见《全球环境基金协定》附件 A。

〔3〕 参见《全球环境基金协定》附件 C2。

〔4〕 当各方承诺提供资金或被要求补充资本时，均需要交存新的承诺书。参见《国际复兴开发银行执行董事关于全球环境基金第二次增资的 98 - 2 号董事会决议》(1998 年 7 月 14 日)。

很明显，全球环境基金以协定为基础，该文件本身具有国家和政府间组织之间条约的属性。对《全球环境基金协定》的批准独立进行，法律上《全球环境基金协定》不同于向基金的捐款承诺，虽然二者同样受到国际法特别是条约法制度的约束。根据《全球环境基金协定》，世界银行作为受托人，其职责履行受到协定和章程的约束。《全球环境基金协定》和承诺书均属于条约，即使根据一国法律基金注册为法人，参与方之间的权利和义务仍将受到国际法管辖。

尚无定论的是，《全球环境基金协定》是否取代了受托人和执行机构的章程，这些机构均具有国际组织的地位。1995 年，联合国法律顾问就联合国开发计划署发布的《联合国财务条例和细则》，1991 年 4 月 24 日联合国开发计划署、世界银行发布的《全球环境基金协定》及该协定第 20(j)段的规范性等级出具一份意见。这些文件规定，全球环境基金理事会应当安排联合国开发计划署秘书处的定期财务、业绩审计以及全球环境基金活动的执行机构进行活动。如果《全球环境基金协定》优先于联合国开发计划署发布的《联合国财务条例和细则》适用，则联合国开发计划署将向联合国开发计划署以外的机构授予审计权。[1] 联合国法律顾问指出，联合国开发计划署、世界银行发布的《全球环境基金协定》是一个试点项目，在其前身《全球环境信托基金协定》终止后，不再对各方产生法律效力。然而，该顾问并未排除这样一种可能，即像《全球环境基金协定》这样的国际协议，可以安排对联合国专门机构金融资产管理实施外部审计。只有在有关专门机构明确接受联合国惯例约束的情况下，这种可能才得以实现。根据惯例，联合国专门机构对各自托管资金实施自己的财务管理规则。第 20(j)段"应当安排"不能解释为对联合国开发计划署设定严格义务，而应理解为全球环境基金理事会将授权世界银行及全球环境基金执行机构缔结审计协议。同样，因为没有《联合国财务条例和细则》的授权，联

---

〔1〕 UNJYB(1995)413.

合国开发计划署也无法从事《全球环境基金协定》第9(c)段规定的贷款活动。

除全球环境基金外,还有其他的一些例证,如根据4个国家之间多边条约设立的图瓦卢信托基金,美国和帕劳之间双边条约设立的帕劳信托基金等。但是,在需要紧急国际救援,特别是涉及自然灾害或紧急人道主义援助的情况下,多边条约并非设立信托基金的理想工具。在寻求非国家利益相关方(如私人基金和社区)参与时,条约方式会显得缺乏吸引力,因为条约将这些私人主体排除在外,或者给予它们不平等的地位。此外,条约需要长时间谈判、缔结,易使受益人或设立目的处于不确定状态。这些情况下,最佳模式是通过国际组织(如联合国、世界银行)决议的方式设立信托基金,基金再通过与受托人签订双边协议而取得更具体的法律形式。为解决财政不平衡问题设立的长期信托基金,如图瓦卢和帕劳信托基金,由于双边主义和多边主义不会给各方带来困扰,在实践中也较为可行。

对《全球环境基金协定》法律性质的另一种解释是,《全球环境基金协定》本身并不构成一项国际条约,缔约方参与文件才构成条约。[1] 这一主张并不缺乏理由和法律依据。就全球环境基金而言,这相当于世界银行的一项决议。世界银行以相同方式设立了类似全球环境基金的信托基金,如原型碳基金等。《原型碳基金协定》要求参与方与受托人交换双边参与协定,以便成为信托基金成员。要么接受双边参与协定是对条约批准的观点,要么接受信托基金法律基础是世界银行决议的观点。后一种选择以参与方事后同意为前提,实际上,

---

〔1〕 批准书发挥了国际法下执行协定的作用,这些协定的作用是使条约生效。这些协定可以在原来的条约中规定,也可以单独规定。它们通过两种方式影响当事人之间的法律关系:(1)作为修改原有条约的修正案;(2)作为仅修改特定当事方之间关系的内部协定。在1982年《联合国海洋法公约》(The United Nations Convention on the Law of the Sea, UNCLOS)框架下,执行协议得到了广泛应用。参见L. B. Sohn, *The* 1994 *Agreement on Implementation of the Seabed Provisions of the Convention on the Law of the Sea*: *International Law Implications of the* 1994 *Agreement*, 88 AJIL(1994)696。

参与方在授权世界银行为受托人并根据其规则设立基金前,已经同意了基金文件及其运作模式。信托基金这种由独立实体建立的方式区别于成员方参与模式。因此,虽然世界银行在还没有捐赠国的情况下通过章程使原型碳基金具备法律形式,却根据随后的双边协议使各捐赠国参与进来。

与世界银行设立的其他信托基金不同,原型碳基金文件不能轻易地受条约法约束。原型碳基金采用国家和私人公司组成的成员类型。对于国家成员,协定意味着一项条约;对于非国家成员,协议只是一份私人性质的合同。[1] 因此,原型碳基金文件对一些参与方不能构成条约。如果各成员方的权利分配不平等,特别在投票权和决策权方面,则该文件是一份仅对部分成员有效的条约。私人参与方可以成为其他条款的缔约方,这些条款可被视为独立合同,在内容上与条约并不冲突。

因此,一种观点认为,原型碳基金文件包含国家与受托人之间的条约以及私人公司与受托人之间的合同。目前,尚不确定的是国家与这些私人公司之间关系的性质。如果这种关系由基金文件来规范,则两类参与者之间的协议将构成一种私人关系,受托人仅具有代理人职能,原型碳基金的决策权归属于私人和国家共同组成的集团。原型碳基金是一个介于基于条约与基于决议设立的国际信托基金之间的特殊例子。

二、基于条约内容设立的信托基金

信托基金基于多边条约某项规定(而非条约全部目的)设立时,往往要求缔约方颁布国内法规后才能设立。大多数情况下,这种国内法规(可能是备案、规则或其他名称)只在条约范围内产生法律效力,但与条约具有不同的法律地位。同样,这些国内法规对条约缔约方可能

---

〔1〕《维也纳条约法公约》和习惯法均将国家和私人实体之间的协定排除在条约范围之外。参见 UK v. Iran(Anglo-Iranian Oil Company Case)Judgment, ICJ Rep(1952)93, p. 112。

并不具有约束力，只对某些特定的人产生约束力，如专家小组、受托人等。

信托基金可能作为多边项目融资工具或作为为特定事业捐款的方式，被列入一项多边条约中。例如，国际刑事法院信托基金的目的，是为法院判决罪犯的受害者提供补救和赔偿。这种以《国际刑事法院罗马规约》第 75 条为基础的赔偿权利，以往从未在以条约为基础的或特设国际刑事法庭范围内出现。该信托基金的法律基础是《国际刑事法院规约》。规约本身是一项多边条约，但它的拟订是以国际刑事法院缔约方大会提出的系列文件为基础。当国际刑事法院规约得到必要的批准而成立时，缔约方大会通过一项决议，设立该信托基金，[1] 并于 2005 年通过了关于基金管理规定的一项决议。[2]

与本章考察的在自愿基础上从会员国、非会员国和政府间组织捐款的信托基金不同，国际刑事法院信托基金可通过其他方式进行融资或增资。除国家和私人实体自愿捐款外，国际刑事法院信托基金的资金来源还可能是法院根据《国际刑事法院罗马规约》第 79 条第(2)款规定获得的罚款或没收的财产。如果将这些资源加入国际刑事法院信托基金，并与普通信托法进行比较，那么它在某种意义上就是一种部分"推定信托"。与明示信托不同，推定信托不是由捐赠国设立的，而是由法院应对欺诈或不合理行为而设立。[3] 无论是基于条约或其他方式设立的信托基金，除非根据联合国安理会指令，一般均无权向非成员国家或实体索取强制性捐款。因此，法院须根据《国际刑事法院罗马规约》授权，并在作出这方面司法决定后，国际刑事法院将没收

---

〔1〕 Res ICC/ASP/1/Res 6，2002.

〔2〕 Res ICC-ASP/4/Res 3，2005.

〔3〕 因此，在一些司法管辖区，它们确实具有补救性质。参见 A-G Hong Kong v. Reid [1994] 1 AC 324。在加拿大和美国，这样的信托很常见。参见 K. Barker，*Rescuing Remedialism in Unjust Enrichment Law：Why Remedies are Right*，Cambridge LJ(1998)301。尽管在 *Hussey v. Palmer* 案中，根据 Denning 勋爵的说法，英国推定信托的补救性受到了严厉批评，但不应被视为代表现行法律。

和查封资产转入信托基金才为合法。根据《国际刑事法院罗马规约》第 75 条第(2)款,国际刑事法院信托基金没有独立的赔偿权,如果国际刑事法院的法律没有规定这种权力,法院是否具有强制没收和没收被定罪者资产的权力就值得怀疑。由于安理会有意将这一权力排除在南斯拉夫和卢旺达问题特设法庭的权限之外,因此,没有令人信服的理由表明国际社会将没收和赔偿视为一项固有的司法特权。

国际刑事法院信托基金的组织方式与缔约方大会的其他附属机构相同。它可以以自己的名义签订合同,设立账户并接受捐款,却没有国际法律人格。国际刑事法院信托基金由董事会管理,并由秘书处提供辅助。国际刑事法院信托基金业务所产生的责任均由国际刑事法院承担。董事会是基金的受托人。

根据互补性原则,国际刑事法院对成员方享有并行使司法管辖权,有关赔偿机制也应遵循这一原则。相关程序不仅需要遵循《国际刑事法院罗马规约》中关于实体和程序性刑法的规定,还需要遵循与信托基金有关的规定。因此,一些国家根据国内法设立了信托基金,将通过执行国际刑事法院赔偿、没收、捐款和其他命令获得的资金用于信托基金。建立这些国内信托基金的目的在于补充国际刑事法院的工作,且明确授权接受法院的命令。国内信托基金虽然在某种意义上是对《国际刑事法院罗马规约》第 75 条和第 79 条的延伸且具有国际特征,却不享有国际刑事法院信托基金的特权和豁免权,也不受国际组织成员方大会的监管。

大量的环境条约也涉及信托基金的设立(在条约框架内),基金在这些条约中基于金融机制而建立。[1] 条约中的缔约方大会(Conference of the Parties,COP),是会员国为发展中国家利益和环境

---

〔1〕 N. Matz, *Environment Financing: Function and Coherence of Financial Mechanisms in International Environment Agreements*, 6 Max Planck YBUNL, 2002, p. 473. 有关其运作的分析,请参见本书第五章第八节。

保护所提供资源的受托人。某些情况下，缔约方大会为实施特定金融机制设立信托基金，可能需要与独立受托人一起工作。这些金融机制或信托基金由于被纳入有关条约而对缔约方具有约束力。

近年来，在国际信贷或贷款协议中，信托基金作为条约中的一项条款，涉及国际复兴开发银行与借款国之间的谈判。贷款的发放条件要求借款人建立一项信托基金。如世界银行向乍得政府提供信托基金，以利用该国油田收入来解决贫困问题，实现财政稳定和其他发展目的。与其他政府间信托基金不同，乍得—世界银行模式中没有独立的受托人。

在多边条约范围内评估一项信托基金规定的地位时，必须注意该规定与整个公约的关系。如果公约允许保留，而信托基金规定被认为是条约必要组成部分时，则对信托基金部分的保留将违背条约的目标和宗旨。此外，信托基金条款也可能只是一种许可，条约机构有权自主决定设立信托基金在某一期间并非必要，或由于缺乏财政资源而不具有可行性。

三、根据默示权设立的信托基金

信托基金的普遍应用是近期国际法实践中出现的一个现象。只有当代签订的条约才会涉及信托基金这一概念及其设立方式。国际组织是否设立信托基金，很大程度上取决于该组织的一般职权，且受到章程中规定的该组织活动范围的制约。如果章程未作出明确规定，该组织从事某些活动可能基于组织的默示权力。联合国的诸多机构已广泛诠释了这种权力的存在。例如，联合国秘书长尽管不具备设立维和代表团的职权，但是如果安全理事会授予其该项职权，联合国秘书长就可以根据默示权力来决定维和代表团的人员组成。[1] 一般认

---

〔1〕 D. Sarooshi, *The United Nations and the Development of Collective Security*, Oxford UP, 1999, p. 64.

为，除非条约另有规定，信托基金的设立属于政府间国际组织和条约机构默示权力的范围，因为此类国际组织被授予为其预算外活动向成员和非成员融资的一般权力。联合国和世界银行在批准设立、管理信托基金时的主要考量，是这些基金在加强、促进和实现组织目标时可能达到的程度。

在第三章中，笔者将更详细地讨论这种默示权力的范围，并重点讨论国际组织在设立信托基金时国际法律人格的范围。然而，从以下几节可以明显看出，尽管《联合国宪章》没有对政府间信托基金作出规定，但联合国三大主要机构，即安全理事会、联合国大会与秘书长均可根据其隐含的权力设立这种基金。近年来，信托基金在《联合国财务条例和细则》及其他次级规范中拥有一席之地。但是，除《联合国秘书长关于设立和管理信托基金的公报》外，有关文件对这些基金的性质、职权范围只提出原则性指引。因此，最终由这些国际组织根据其默示权力来规定批准设立的信托基金职能和活动权限。

第二节　以账户形式存在的信托基金

信托基金的组织架构与其目的同样重要。基金有许多捐赠人，每一个捐赠人都希望得到董事会席位和一个如同议会一样包容各方诉求的基金治理机制，但这种运作成本昂贵。除受托人费用外，基金将不得不牺牲一大部分的预算来支付基金组织架构的开支。对于诸如全球环境基金等拥有大量成员和资源的信托基金来说，维持这种复杂组织结构是必要的，但对于其他大多数国际信托基金来说，则被认为是完全没有必要的。基于这一背景，大量以账户形式存在的国际信托基金应运而生。

这类基金的设立，始于捐赠人授权未来的受托人设立一个银行账户。首先，受托人设立基金的相关决议；其次，受托人开立单独的银行账户,以接受对信托的出资。信托只是作为一种内部解决办法和银行账户存在,无论是在国内法还是在国际法下均不具有独立法律人格。这是一种国际信托基金最简单和成本最低的组织形式。受托人根据章程文件(如《国际复兴开发银行协定》)和授权,签订捐赠协定,并向捐赠人提供财务和管理报告。尽管受托人以信托名义订立合同,但信托基金对受托人的独立性,只能通过独立银行账户这一点来体现。该机制的显著优势是费用的最少化、决策时间的最少化以及决策中心化。此外,信托缺乏独立性并不妨碍受托人以其名义订立合同,也不妨碍受托人承担责任。

以下各节中,笔者将考察临时信托基金账户(法律地位尚未确定的新建立的基金账户)、永久信托基金账户和子账户(与临时账户不同)各自的特征,特别考察国际货币基金组织账户和联合国特别账户。通过考察,我们会看到,联合国将信托界定为特别账户的理由,与国际货币基金组织或其他机构对信托账户的描述完全不同。

一、临时信托基金账户

抗艾滋病、结核病和疟疾全球基金(以下简称全球基金)成立于2002年,至今还没有确定的法律架构。过渡期工作组被授权制定其法律架构并提出选择方案。该工作组由国家和私营实体共同组成。在作出决定之前,全球基金以临时信托基金账户的形式存在,以便尽快收到捐赠。该临时账户由世界银行提议,并得到工作组的采纳,后由世界银行设立和管理。虽然关于这项提议和采纳构成基金和世界银行之间的合同交易,但鉴于该基金在此期间不具备法律人格,该交易并不能构成一项条约。

此外,不确定的是设立临时信托账户的协议是否等于对银行的一项授权。根据协议,银行担任基金的受托人。只有在信托协议中,基金创建者明确或隐含地赋予受托人具体或一般职能,临时信托账户才能与信托协议相提并论。在全球基金案例中,信托基金的设立意图仅仅是建立一个账户，以便接受捐赠，而未授予银行任何其他职能。实践中，捐赠人与信托基金或受托人达成某种协议，将资金存入一个临时信托账户的行为，并不构成没有法律义务的单方面行为。全球基金的工作组决定采用两种模式与捐赠国达成协议：(1)捐赠人与受托人签订协议，受托人承诺管理基金；(2)捐赠人与基金达成协议，即使基金尚未取得正式的法律人格，但可视基金为有效的合伙组织。第一类协定显然要求世界银行行使受托人一般职能的某些部分。因此，世界银行至少在这一阶段享有事实上的受托人地位。世界银行为与其合作的私人银行开立账户提供便利。同样，银行履行职责所需借款的主要来源是其证券的市场化。因此，世界银行授权设立一个银行账户，即使没有明确指定，也必然会产生一些事实上的托管人职能。2002 年 5 月 23 日，全球基金与世界银行签订了正式托管协议。

在某种程度上，新成立的不具法律人格的国际信托基金与其潜在捐赠人之间的合同主体资格须根据一些特定的因素来确定。就全球基金而言，这些因素包括世界银行信托的临时账户以及全球基金参与者(包括国家和私人实体)的法律人格。

二、永久信托基金账户

国际货币基金组织建立的信托基金，具有国际信托基金的一般特征，也具有自身的特殊性，例如，国际货币基金组织既是基金创建者，也是基金受托人，这种做法在联合国所属各机构中也很常见。国际货币基金组织的特别信托基金，在受托人、借款人之间及受托人、信托债权人之间形成了不同类型的法律关系。国际货币基金组织担任自己所设基金的受托人，主要是因为它具有任务完成所需的经验、专门知识和配套机制。另外，国际货币基金组织设立的信托基金，多是为解决发展中国家债务问题或提供国际收支平衡问题而设，解决这些问题，本身就是国际货币基金组织的职责所在。

国际货币基金组织、国际复兴开发银行所设信托基金的法律基础，是设立这些国际组织的有关协定,尽管这些协定未直接规定信托基金的设立,但要求国际货币基金组织、世界银行为成员的发展提供资源和设施,信托正是履行这些职责的一种有效机制。因此,在协定基础上,国际组织制定了信托基金建立、管理的政策及程序。根据这些政策,国际货币基金组织等机构可以设立以账户及子账户形式存在的国际信托基金。

以账户和子账户形式建立的国际信托基金,不具备国际法律人格,基金资产和人员享受国际货币基金组织所享有的特权和豁免权。基金其他出资人则与国际货币基金组织订立合同。由于不存在复杂的委托人—受托人结构,此类基金的建立与运行效率得到了提高。

基金捐赠国具有国际法律人格,它们与国际货币基金组织签订捐赠协定。捐赠国可提供的资源包括赠款以及捐赠国从私人银行、政策银行或类似金融机构收到的捐款或贷款收益。向国际货币基金组织转让后一类赠款可能涉及多层次交易,因为这些赠款的收益可能为私人金融机构或第三方拥有。同样,由于有关协定允许捐赠国为特定信托基金提供贷款,因此,提供贷款的私人银行或政策银行须通过一项或多项交易将资金转付至国际货币基金组织。这些通过银行转账进行的支付行为,受银行法的制约,同时,因向信托基金捐款是成员方对国际货币基金组织的一项义务,则也受到国际法和条约法的约束。捐赠国与国际货币基金组织之间没有必要签订额外资金协议,捐赠国可以作出单方面声明,或向信托基金作出承诺,并与收款人或借款人达成协议。

通过信托方式,国际货币基金组织利用信托基金为解决贫穷、不发达和第三世界债务提供资金。1976 年,国际货币基金组织开始通过设立信托基金向低收入国家提供优惠资金。国际货币基金组织先后通过文件设立了用于实现信托基金目的的一些账户(金融工具),包括为重债穷国建立的消除贫困和发展贷款基金,[1]降低外部影响信托

〔1〕 参见《国际货币基金组织第 11436 - (97/10)号决议》(1997 年 2 月 4 日),由《国际货币基金组织第 13588 - (05/99)号多边减债倡议》和《国际货币基金组织第 13590 - (05/99)号决议草案》(2005 年 11 月 23 日)修订。

基金等。[1] 大多数政府间信托基金以捐款形式提供资金，与此不同的是，国际货币基金组织的信托基金以优惠贷款的形式向受益人支付资产，一般根据 3 年期限的协议发放消除贫困和增长贷款，须遵守绩效标准并完成项目审查。贷款年利率为 0.5%，享有 5 年半宽限期和 10 年贷款期限。

国际货币基金组织要求借款人提交有关消除贫困进程(Poverty Reduction Strategy Process, PRSP)，其中借款人应充分阐述和解释其财务状况、改善步骤以及以何种方式利用贷款和预期结果。这些消除贫困与发展的贷款文件的性质相当于不具有契约性质的意向书。实践中，为获得消除贫困和发展贷款，借款人须向国际货币基金组织提交消除贫困的战略或意向书。[2] 为获得国际货币基金组织重债穷国倡议下的援助，一个国家必须：(1) 仅限开发和消除贫困、发展的需要；(2) 面临不可持续的债务负担；(3) 通过国际货币基金组织和国际开发协会支持的计划进行改革；(4) 在广泛的公众咨询基础上制定了消除贫困的战略。满足这些标准或取得了充分的发展后，国际货币基金组织和国际开发协会将会正式决定一国是否有资格获得债务减免，国际社会随后(subsequently)承诺将债务减少到可持续性的范围内。

国际货币基金组织给予贷款的决定不是条约，而是不具有合同性质的内部决定。一些借款人在消除贫困战略中附加谅解备忘录，作为对多边条约的保留和解释性声明。此种做法进一步强化了贷款文件的非契约性质。

对国际货币基金组织以上基金特别信托的捐款，不仅限于基金成员、国家或政府间组织，还可能包括中央银行、政策性银行和私人捐款

---

[1] 《国际货币基金组织第 87 – 59 – (87 – 176) 号决议》(1987 年 12 月 18 日)，由《经济支援基金第 13689 – (06/24) 号决议》(2006 年 3 月 10 日) 修订。

[2] 参见老挝人民民主共和国：《第二次消除贫困战略文件》，第 08/341 号《国际货币基金组织国家报告》(2008 年 10 月)；冈比亚：《消除贫困与增长贷款基金协议下的第三次审查意向书》(2008 年 7 月 30 日)。

者。实践中,消除贫困和发展贷款基金往往依赖于成员的额外捐款以及私营实体的捐款。

显而易见,国际货币基金组织的特殊信托基金并非基于基金组织章程,相反,国际货币基金组织与其债务人的受托人关系是制度性的,而其与债权人的关系以及债权人与债务人之间的关系则是契约性的。

子账户通常服务于两个目的:(1)在信托方面方便账户资源的管理,支付信托基金主账户资金;(2)向信托基金的某一特定领域提供资金。根据国际法的特殊性,主账户在法律上属于信托基金。由此产生的问题是,子账户本身是否构成与其主账户信托不同的信托基金,这一问题没有一般性的解决办法。鉴于国际货币基金组织中各种信托工具的演变性质和国家的多样性,将来也不会有一般性原则。

本书的理解是,主账户的终止会导致所有子账户终止,但反过来并不成立。根据这一模式,显然结论是子账户是主账户的一个组成部分,不是新的独立的信托基金。

三、联合国特别账户

《联合国秘书长关于设立和管理信托基金的公报》指出,联合国承认普通信托基金和技术合作信托基金两类信托基金。[1] 普通信托基金支持技术合作以外的所有活动,可用于"扩大秘书处一个或多个组织性机构的工作方案",或者出于人道目的提供紧急援助。技术合作信托基金旨在向发展中国家提供经济、社会发展所需的技术援助,包括捐赠国提供的专家和助手专家,对培训措施提供资金以及提供项目设备等。[2]

《联合国秘书长关于设立和管理信托基金的公报》将这两类信托

---

〔1〕 UN Doc ST/SGB/188(1982 年 3 月 1 日),第 4 段。联合国系统内的专门机构可以根据其授权和机构规定,认可信托基金的进一步专门化。

〔2〕 UN Doc ST/SGB/188(1982 年 3 月 1 日),第 15 段。

基金与其他特别账户区分,前者被定义为信托基金的实体,而后者资金来自预算外资源。《联合国秘书长关于设立和管理信托基金的公报》仅对两类信托基金产生约束力,各自主管机构负责的其他类基金则不受《联合国秘书长关于设立和管理信托基金的公报》的约束,如儿童基金会、开发计划署、人口基金、联合国难民事务高级专员基金和其他机构。[1] 在涉及维和行动及为有关行动提供资金而设立账户的管理时,情况也是如此。这些账户不作为公告规定中的信托基金进行管理,仅需遵循《联合国财务条例和细则》。这种区别的原因在于,大多数维和行动经费一般来自会费分摊,而非自愿捐款,因此,适用不同的法律制度。

联合国各主要机构设立特别账户,目的是在联合国固定预算基础外为仍需要追加资金的项目提供资金,或为安全理事会特别项目提供资金。本书的讨论限于由联合国大会、秘书长和秘书处出于上述情形设立的作为特别账户的信托基金。这些特别账户实际上是真正的信托基金。就秘书长和联合国大会而言,虽然设立信托基金的权力可能来自安理会的决议或其默示权力,但同时也应遵从《联合国财务条例和细则》的规定。[2]

(一)联合国大会特别账户

冷战期间,联合国大会承担了在全球范围内组织维和、和平监测与和平执法行动的任务,并为这些行动筹集资金。由于不能仅从联合国固定预算中寻求这些行动所需资金,联合国大会通过命令成员方支付加权的分摊会费来获得额外捐款,常任安理会成员方和经济发达国家将分担大部分费用,发展中国家承担的要少得多。例如,《联合国大会第 43/231 号决议》提请安全总干事设立一个特别账户,为安哥拉核

---

〔1〕 UN Doc ST/SGB/188(1982 年 3 月 1 日),第 5 段。

〔2〕 UN Doc ST/SGB/2003/7(2003 年 5 月 9 日).

查行动提供资金，决议要求各国根据所分摊的比例缴纳会费。[1]

根据决议文本，联合国秘书长将担任受托人。例如，安哥拉核查行动的文件规定，秘书长不仅负责设立特别账户，而且“采取一切必要措施，确保［行动］得到最高效和最经济的管理”。[2] 因此，与国际货币基金组织既是创建者，又是受托人的信托账户不同，联合国大会的特别账户由联合国大会设立，由秘书长个人以组织首席行政官的身份管理。特别账户不同于联合国一般预算或其他专门账户。由于特别账户不具有独立的法律人格，对向特别账户捐赠的额外资金，秘书长和捐赠国之间需要作为主体进行资金上的交易。

特别账户有别于联合国大会设立的其他自愿类的信托基金。第一，特别账户的法律基础均是联合国大会决议。对涉及预算问题的特别账户以及对联合国维和特派团的捐款，联合国大会将专门通过有约束力的决议。[3] 第二，尽管联合国秘书长被授权担任受托人，但同时还存在一个独立的受托委员会，以便有效管理。第三，根据联合国大会设立信托基金的职权，自愿类信托基金具有国际法律人格，因此符合联合国大会附属机构的特征。[4] 联合国大会可以“占用”以附属机构形式设立的信托基金，正如联合国人口活动基金（The United Nations Population Fund，UNFPA），其最初由秘书处于 1969 年设立，在

---

〔1〕 参见《联合国大会第 43/231 号决议》（1989 年 2 月 16 日）；《联合国大会第 43/228 号决议》（1988 年 12 月 21 日），联合国脱离接触观察员经费的筹措；《联合国大会第 43/229 号决议》（1988 年 12 月 21 日），联合国驻黎巴嫩临时部队的筹措。以上决议，或设立了新的特别账户，或补充了现有账户的资金。

〔2〕 《联合国大会第 43/231 号决议》第 5 条有效条款。

〔3〕 《联合国宪章》第 17 条；《联合国财务条例和细则》第 104.2 条；《关于联合国大会对维和储备基金的权力的条例》第 4.5 条。

〔4〕 实际上，根据《联合国宪章》第 7 条第（2）款和第 22 条，联合国大会可以设立附属机构。联合国大会是否可以将信托基金转为附属机构，取决于该机构的性质以及联合国大会认为是否有必要行使其特定职能。如果信托基金的目的不与安理会的和平与安全任务相冲突，就没有理由不具备附属机构的资格，特别是如果这是联合国大会成员的多数意见。参见 D. Sarooshi，*The Legal Framework Governing United Nations Subsidiary Organs*，67 BYIL，1996，p. 413。

1972 年转化为联合国大会的基金。第四,两种类型的信托基金均接受私人捐赠,尽管对自愿信托基金来说,这可能是基金的主要收入来源,两种类型的信托都由《联合国财务条例和细则》进行管理。

(二)安理会特别账户

安理会直接设立的信托基金和特别账户,不受《联合国秘书长关于设立和管理信托基金的公报》的约束。这是因为,《联合国秘书长关于设立和管理信托基金的公报》仅仅对联合国大会和秘书处设立的基金和特别账户进行监管。

1990 年海湾战争后,安理会通过第 687 号决议,决定设立信托基金(科威特赔偿基金)以及管理赔偿委员会,以解决相关赔偿的诉求。同时,还通过设立一项信托工具,将伊拉克的资产分发给受害方作为赔偿。赔偿基金的来源是伊拉克出售石油所得收入。决议委托秘书长制定恰当的机制,并根据《联合国财务条例和细则》,将基金设为一个特别账户。[1] 最终,赔偿基金和委员会由理事会设立。1991 年以来,安理会设立许多托管账户(基本是特别账户/信托基金),目的是将资金注入赔偿基金。这些托管账户与基金保持着特殊的法律关系。一方面它们是独立的法律实体,另一方面(这些账户)则由不同的受托人管理。然而,以下问题不可避免地产生:由于所有账户/信托基金均由同一实体(安理会)设立,因此,将资产从托管基金转移到赔偿基金的行为到底是否为一种自我契约(或自我交易)行为,还是两个不同的法律实体之间的交易?安理会可能未注意到这一问题。就目前的情况而言,赔偿基金和其他以安理会为基础的托管账户由安理会设立,资产在最终支付之前,也归安理会所有,但安理会赋予了这些基金某种程度的国际法律人格,因此,这些账户可以以自己的名义而不必通过安理会订立合同。认为安理会只授予实际权力,而不授予职能这一认识是正确的,因为安理会并不是简单地将执行某一特定决定的权力

〔1〕 参见《联合国第 S/22559 号决议》(1991 年 5 月 2 日),第 2 页。

授予附属机构,而是赋予其以自身权利作出决定的权力。[1] 因此,认为相关交易不构成自我契约的观点似乎更符合法律推理。此外,值得一提的是,根据拉丁语格言“受权者不能授权于人”(*delegatus non-potest delegarie*),代表不能将其权力委托给第三实体。就授予理事会附属机构的权力而言,也同样适用。也有一些例外,如信托文件授权受托人通过执行代理人履行其职能。这些非授权规则的例外情况在联合国的背景下较少发生,但对国际复兴开发银行管理的信托基金而言较为常见。根据第 1177 号决议的规定,以安理会为基础设立的一个不太复杂的信托基金,[2] 目的是资助厄立特里亚—埃塞俄比亚划界和边境划界委员会(联合国边境委员会信托基金)的工作并支付其费用。秘书长和安理会的报告未涉及信托基金应该作为特别账户还是根据更详细的条款进行组织,[3] 但事实表明,鉴于这一特定信托基金的任务和范围有限,信托基金应当属于理事会设立的特别账户范围。显然,根据项目信托基金的财务规模和范围,安理会可指示秘书长设立一个具有赔偿基金属性的基金,其中包括一个受托人(以附属机构的形式)和一个精心设计的治理体系,或者选择一个不太复杂的特别账户,由秘书长管理并遵守《联合国财务条例和细则》。

(三)秘书长特别账户和信托基金

联合国秘书长在履行其作为联合国组织管理者的一般职能时设立、管理的信托基金(作为特别账户),[4] 与秘书长基于联合国大会要

---

〔1〕 参见 Meroni v. High Authority,[1958] ECR 133,第 147 ~ 149 页。该案件判决中,考虑到废料均衡基金需要一定程度的独立性来作出一些决定,欧洲法院决定,将最高权力机构在铁矿石征税方面的权力下放给两个附属机构。因此,授权涉及权力,而不仅仅涉及职能。

〔2〕 参见《联合国安理会第 1177 号决议》(1998 年 6 月 26 日)第 8 条有效条款。

〔3〕 参见《联合国第 S/2001/1194 号决议》(2001 年 12 月 13 日)和《联合国第 S/2001/608 号决议》(2001 年 6 月 19 日)。

〔4〕 参见《联合国宪章》第 97 条。

求设立的信托基金之间,[1]可能存在某种程度的重叠。如果秘书长决定设立前一种类型的基金,不仅需要拥有必要的自由裁量权(或默示权力),而且必须善意行使这种权力。[2]

其履行一般职能设立的信托基金,包括预防性行动信托基金(TFPA)、与预防性外交和维和有关的特派任务及其他活动信托基金(特派任务信托基金)。秘书长设立这些信托基金的权力源于《联合国宪章》第97条,该条款规定了秘书长作为联合国首席行政官的职权。同时,秘书长设立信托基金的这一权力也来自《联合国财务条例和细则》第4.13条和第104.3条[3]以及《联合国秘书长关于设立和管理信托基金的公报》。以上两个信托基金均由秘书长管理,所有捐款均为自愿。然而,值得注意的是,不同于其他未对提供何种法律形式的捐款作出规定,特派任务信托基金对此作出规定,"(捐款)承诺的作出和接受应记录在换文中,或如认为适当,应记录在正式协议中"。在款项支付方面,无论是通过银行转账、支票还是其他方式,这种要求都不是必须的,虽然联合国和捐赠国没有理由不在这方面达成某项财务安排协议。

秘书长还设立了协助各国通过国际法院解决争端的信托基金。该信托基金是秘书长与国际法院院长协商后于1989年设立的。[4]除《联合国宪章》第97条外,该基金的法律依据也来自《联合国宪章》第1条(设立联合国的目的)以及第33条(涉及各国之间争端解

---

〔1〕 参见《联合国宪章》第98条。

〔2〕 Peynado v. UN Secretary General (UN Administrative Tribunal Decision of 30 October 1970), Decision No. 138, 47 ILR 356, p. 368.

〔3〕 参见《国际复兴开发银行第9-1号决议》(2009年7月20日)。

〔4〕 联合国第A/44/PV.43号文件(1989年),第7~11页;《国际法院对于秘书长信托基金的报告》,联合国第A/47/444号文件(1992年10月7日),附件为国际法院信托基金的职权范围。

决的方式)。[1] 为促进国际法院成为和平解决国际争端的平台,设立信托基金可以便于成员方向基金支付成本费用。这完全符合《联合国宪章》的宗旨和目标以及秘书长的职能。正因如此,国际法院和秘书长均拥有设立信托基金的默示权(除秘书处根据《联合国财务条例和细则》享有的权力外),因为通过国际法院促进和平解决争端,并不属于联合国机构的专属职权范围。

根据国际法院信托基金职权范围第6条,秘书长是基金的管理人(受托人)。与所有其他联合国信托基金一样,该信托基金受《联合国财务条例和细则》的约束。尽管职权范围第9条中规定设专家小组,但该实体并不会取代秘书长的受托人职能,而只是为那些值得基金资助的发展中国家提供专家建议。对信托基金的捐款可以通过银行转账或支票进行。这种简单的银行交易属于合同性质的行为,而非单方面的行为。

某些情况下,联合国大会或安理会也可以要求秘书长以特别账户的形式设立信托,并以《联合国宪章》第98条以及《联合国财务条例和细则》第4.13条为依据。出于实际目的,联合国大会须基于其默示权证明设立基金的合理性、正当性。[2] 一个值得注意的例子是国际海洋法法庭信托基金,该基金由秘书处根据联合国大会的要求设立。[3] 有关国际海洋法法庭信托基金的职权范围规定,联合国大会的默示权建立在《联合国海洋法公约》第287条基础上,[4] 该条与《联合国宪

---

〔1〕《实践中的国际法律援助:国际法院信托基金》,87 AJIL(1993)659,第661页;除成立国际海洋法法庭信托基金外,常设仲裁法院于1995年设立了自己的财政援助基金,以促进和平解决争端。参见国际法协会跨国争端解决委员会:《联合国秘书长信托基金通过国际法院协助各国解决争端的研究和评估》,载《中国国际法年刊》(2002年),第250~253页。

〔2〕《联合国财务条例和细则》第4.14条提出了这一要求,尽管措辞草率、不明确,但规定"各信托基金和特别账户的宗旨和限额应由有关当局明确界定"。

〔3〕《联合国大会第55/7号决议》(2001年2月27日)第9条和第10条有效条款。在有效条款第45条中,为协助发展中国家和小岛屿国家参加协商进程会议,又提出设立第二个信托基金的请求(《联合国大会第55/7号决议》附件2)。

〔4〕 1833 UNTS 3,21 ILM,1982,p.1261.

章》中一些敦促各国通过海洋法法庭解决争端的相关条款非常相似。该条最为重要的法律基础,则是联合国与国际海洋法法庭之间就合作与关系达成的协议。[1] 虽然该协议的文本未提及设立信托基金,但这种权力是当然存在的,因为其中第10条规定敦促各方进行合作,尽可能在实际可行的前提下实现其财务和行政运行的协调和统一。两个实体(联合国和国际海洋法法庭)之间的协议,虽然本身并不是信托基金存在的决定性标准,却具有重要意义,它表明联合国系统内各实体之间的合作,并不总是通过联合国大会决议或者使用默示权力来确定。

第三节 国际组织法与国内法体系下的混合基金

2002年,全球基金根据《瑞士民法典》成立,此后,该基金通过与瑞士联邦政府签订《总部协定》而享有国际法律人格。根据《瑞士民法典》附例第2条的规定,全球基金设立的目的,是通过"公共—私人基金会"来执行授权活动。由于全球基金的管理和行政内部包含了国家与私人实体,这样的特殊组成使其无法成为一个政府间组织。全球基金最高执行机构基金董事会由20名有表决权成员和4个无表决权成员组成。有表决权成员来自各国公共或私营部门。[2] 将全球基金组织理解为一个私人实体而非以条约为基础的政府间组织,主要基于基金的组成方式和拥有投票权的私人因素。

2002年5月24日,全球基金与世界卫生组织签订了一项服务协定,目的是基于1948年世界卫生组织和瑞士联邦委员会之间签订的协议,令基金工作人员从理事会成员享有的特权和豁免中受益,全球

---

〔1〕《联合国大会第52/251号决议》(1999年9月8日)附件。

〔2〕《全球基金章程》第7.1条。

基金的工作人员也将从世界卫生组织与其他国家缔结的《总部协定》及1947年《专门机构特权与豁免公约》中受益，[1]其用意是，只要该公约得到国家批准，全球基金的人员可就基金的活动前往该国。因此，在全球基金成为国际组织之前，在瑞士法律和国际法这两种不同的法律制度下运作。由于与世界卫生组织达成了协议，全球基金除获得外交和豁免权外，还获得了诸如增值税、个人税费和员工工作许可证等财政免税，但仍需对瑞士或其他国家对其提出的任何索赔承担责任。此外，只有法院地国承认世界卫生组织作为国际法人的身份以及该组织有权将这种身份扩展到其下属实体的情况下，这种"共享"的国际人格才存在于瑞士以外。鉴于《世界卫生组织章程》规定了世界卫生组织有权将这种身份扩展到其他机构（如全球基金），[2]所有成员或与世界卫生组织有协定的国家，除在相关协定中明确予以排除外，都默示接受全球基金的"扩展的国际法律人格"。

全球基金和世界卫生组织之间的共生关系很快出现问题，如在签订员工和供应商合同以及付款方面出现了严重的延迟。同时，由于世界卫生组织工作人员被借调到全球基金导致了利益冲突，因为这些工作人员既有义务为世界卫生组织（政府间组织）服务，又有义务为私人实体的全球基金服务。由于这些障碍，全球基金迫切希望将自身转变为一个政府间组织或准政府间组织。

与世界卫生组织的协议不同，全球基金对潜在民事诉讼负有责任的情况下，根据其2002年与世界银行签订的托管协议，世界银行作为受托人持有的全球基金资产不受第三方扣押、扣留或任何其他民事诉

---

〔1〕 33 UNTS 261.

〔2〕 《世界卫生组织章程》第2条第（b）款，特别是《世界卫生组织章程》第71条支持这种合作，尽管这些规定确实没有提供具体指导。第71条规定："本组织可以就其职权范围内的事项，作出适当安排，与非政府国际组织进行磋商和合作，并经有关政府同意，与国家组织、政府组织或非政府组织进行磋商和合作。"既然第71条的宗旨在世界卫生组织提供和支持世界医疗保健服务的基本目标中进一步得到补充，世界卫生组织就应该拥有必要的与非政府组织签订这类服务协议的默示权力，支持这一提议是很明智的。

讼的影响。这主要是基于两个原因:(1)根据2002年全球基金与世界银行签订的托管协议条款和确认信托所有权原则的信托基金习惯法,世界银行以信托所有人的身份持有信托基金的财产、资产、档案、收入和业务。基于《总部协定》的规定,世界银行所有财产和资产免受民事诉讼的影响,因而其相关信托财产和资产也应免受民事诉讼的影响。(2)2002年签订的托管协议确认世界银行按照其《总部协定》的优惠条款保管全球基金资产。[1] 根据全球基金与世界银行2002年签订的托管协议,世界银行以受托人的身份负责代表全球基金签订和执行捐赠国协议。[2] 因此,对全球基金的捐款直接汇入世界银行的账户。全球基金虽受瑞士法律约束,但世界银行与各国签订的捐赠协议仍构成受国际法管辖的条约。事实上,尽管没有国际法规则禁止国际法人在国际公法范围之外进行缔约,但如果以条约以外的任何形式与受援国缔结捐赠协定或赠款协定,将会破坏已建立的惯例。

第四节　准政府间组织信托基金

2004年瑞士联邦委员会和全球基金达成的关于确定全球基金在瑞士法下地位的协议,与《总部协定》相似,将全球基金不是一个政府间组织的事实排除在外。总体来说,《总部协定》在瑞士法律的基础上,保持了基金作为基金会的地位,但同时也承认其具有国际司法人格。《总部协定》使全球基金免受法律程序和法律措施的强制执行。全球基金的不动产、记录和资产不受搜查、扣押或其他法律行为的约束,基金本身也获得某些免税和免除关税待遇。此外,董事会成员、执

[1] A. Reinisch, *International Organizations Before National Courts*, Cambridge UP, 2000, pp. 127 – 169.

[2] GF Framework Document, GF Doc GFATM/B1/Doc 4(2002年1月18日), points 26 – 27.

行主席及高级官员享有特权和豁免权，全球基金官员和专家在执行任务期间也享有同样的特权和豁免权。在某种程度上，基金的金融资产或其他资产由世界银行作为其受托人信托持有，《总部协定》赋予这些资产的豁免只是复制《国际复兴开发银行协定》所提供的保护。工作人员和资产享有的其他特权（例如，与财政豁免有关的特权）均是新加入的部分，其他协议无此类规定。

就其与国家和政府间组织签订协定的职权以及这些条约能否被称为法律意义上的条约这一问题而言，即使在授予全球基金的国际法律人格之后，仍存在不确定性。瑞士联邦委员会通过缔结一项协定承认这种人格，在瑞士法下当然具有约束力，但对非全球基金的缔约方来说，这种承认没有多大价值。对于与全球基金签订合同的非缔约方，可能有三种类型的协定：(1)世界银行与非全球基金成员方的实体签订的受国际法管辖但不是条约的捐赠协定。(2)全球基金与一个不承认其瑞士联邦委员会授予的国际人格的国家签订的捐赠协定，在这种情况下，该协议受一个或多个国内法律管辖。(3)全球基金与非缔约方之间的支付协议。在该协议下，非缔约方明确或默示承认基金的扩展人格。后一种情况下，全球基金能够对其缔约方行使重要的谈判权，最终使该协定成为一项条约。

第五节　单一捐赠人信托基金

虽然多捐赠国基金的设立构成一般准则，特别是拥有大量营运资本的信托基金，但个别发达国家设立以某一特定国家或特定主题为重点的信托也不罕见。本节将分析两种类型的单一捐赠国基金：一类是以国际为重点和有外部受托人的基金；另一类是以国内为重点的基金，但如有其他国家参与，则应完全或部分遵守国际法。

一、有外部受托人的单一捐赠人信托

一些发达国家会认为最好在没有其他国家或政府间组织参与或捐款的情况下设立信托基金,以便为特定项目提供资金,或协助某些发展中国家。这种模式的优点是,不需要复杂的多方决策过程,也不需要与捐赠者进行长时间的谈判。一个典型的例子是挪威教育信托基金(Norwegian Education Trust Fund,NETF),该基金由挪威外交部设立,由世界银行在框架协议基础上管理。基金的目的是资助非洲教育项目。其单一捐赠国的信托性质,使资金可以迅速获得。

人们可能对诸如挪威教育信托基金这样的单一信托基金的成本效益产生质疑,因为指定受托人需要大笔费用,而捐赠国可以通过将捐款存进他所在国的央行,以本国管理该账户的方式避免这一费用。然而在现实中,像世界银行这样的受托人拥有丰富的专业知识和资源,能够在确定项目及接受者、管理方面节省时间和金钱;同时,世界银行在投资信托资金方面也具有专长,一般情况下,它对向发展中国家提供援助的服务也不会按照商业市场标准收费。这些类型的信托基金一般不涉及大量资金,且项目期限也较短。

二、受国际法约束的单一捐赠人信托

由单一国家设立,并由世界银行或其他国际组织通过协议管理的单边信托,也会受到国际法管辖。根据国内法建立,但仍部分以国际法为前提的信托基金的典型例子是“纪念、责任和未来基金”(以下简称纪念基金),这一以对纳粹政权犹太受害者进行赔偿为目的的基金,以德国联邦法律为基础,[1]基金会是根据德国法建立的公法实体。

---

〔1〕 Law on the Creation of a Foundation “Remembrance, Responsibility and Future”, 2000年8月2日(*Federal Law Gazette* I 1263),由2006年12月21日的法律进行了修订(*Federal Law Gazette* I 3343)。

除此之外，还有另外一些理由来说明为什么基金和基金会部分地受到国际法的管辖。

第一，设立基金的倡议由第二次世界大战中犹太人沦为奴隶的国家共同提出。这一倡议最终促成了一个国际会议并通过了一项联合声明。在该声明中，所有参与国一致同意，德国将颁布《纪念基金法》，根据该法律，德国联邦政府和雇佣奴隶劳工的指定公司向该基金捐款。[1] 第二，联合声明的执行在同一天生效，德国和美国为此通过了一项执行协定。[2] 根据执行协定，美国政府有义务就第二次世界大战期间被指控使用奴隶劳工的德国公司的未决或未来案件向美国法院发出利益声明。[3] 第三，索赔人为基金的受益人，而不是德国国民。这使基金具有更多域外性质。第四，受托人委员会由德国联邦政府部门任命的人员以及受害国任命的人员组成，这些国家包括以色列、美国、波兰、俄罗斯、乌克兰、白俄罗斯和捷克共和国。此外，受托人委员会还包括联合国难民事务高级专员和国际移民组织成员以及代表被奴役群体家庭的非政府组织成员。

上述关于纪念基金的考虑，同样适用于奥地利清算基金(Austrian Square Fund，ASF)。后者根据2001年奥地利与美国之间签订的《华盛顿协定》建立，旨在补偿奥地利纳粹时代政权的受害者。[4] 与纪念基金不同，2001年颁布的奥地利清算基金兼具司法功能，承担索赔委员会处理索赔案件的终审员的职能，该委员会虽然只是基金的一个机构，却可以以独立身份审理索赔案件。

---

〔1〕《关于结束筹备"纪念、责任和未来"基金会国际会谈的全体会议上的联合声明》于2000年7月17日通过，载美国驻德国大使馆和领事馆网2020年8月4日，http://germany.usembassy.gov/germany/img/assets/8497/jointstatement.pdf。

〔2〕 Agreement of 17 July 2000 Concerning the Foundation "Remembrance，Responsibility and the Future"，39 ILM，2000，p. 1298.

〔3〕 S. D. Murphy，*Implementation of German Holocaust Claims Agreement*，97 AJIL (2003) 692，pp. 692－693.

〔4〕 BGBI. III 121/2001，*Joint Statement and Annexes*，Nationalfonds (August 4，2020)，www.en.nationalfonds.org.docs/BGBI_Ⅲ_Nr_121_2001.pdf.

由于这些信托基金背后的外交努力均来自美国，这三支基金具有以下共同的特点：它们均以条约为法律基础；通过执行国的国内立法贯彻；美国政府承诺向美国法院做出利益声明。其他方面，例如，管理、受托人委员会架构以及基金司法或非司法性质等，则取决于基于诚实信用的立法或一般性的指导。虽然这些信托基金以国内法范围的单方行动为基础，但也被视为属于国际法的范围。事实上，自 20 世纪 80 年代初以来，国内法院的实践表明，针对侵犯人权行为的索赔是国际问题，绝不仅限于侵权案件发生地国家的管辖，当两者发生冲突时，条约应当优先适用。

第六节　基金及契约关系

本节将研究与信托基金相关的两个重要的契约关系。一是涉及对国家向信托基金账户受托人或私人银行存款或转移资产行为的法律性质分析。有些信托基金只要求捐赠国将捐款存入或转移到私人银行账户，无须签订书面协议。有人认为这可能构成单方行为，如果是这样，对存款人可能产生法律义务。二是国家与政府间组织的捐款协议，需评估其是否通过条约或不具约束力的文件（如谅解备忘录）实现各方的意图而不受《国际复兴开发银行协定》约束。与私营机构签订捐赠协议的难度较小，一般受国内法管辖。最后，笔者将探讨捐赠国与受托人之间协议的法律性质。受托人凭借该协议获得授权并以受托人身份管理信托财产。

一、资金交存并非无义务单方行为

第一章中，笔者审查了各国及政府间组织所作出承诺的法律性质，并表明承诺一般不对认捐国产生约束力，但签署承诺文件产生了完全相反的效果。本节中，笔者将评估将资产存入或转移到信托基金行为的法律性质。主要的法律问题是，捐赠国将资金转移到信托基金名下是否为单方行为。某些单方行为可能引起国际法律义务，而另一些行为则不会。没有法律意义的单方行为只是涉及一个国家的行为，且其性质本身并不会对其他国家或政府间组织产生任何权利或义务。从表面上看，将捐款存入银行账户似乎只是一种单方性质的行为，因为它没有为信托基金或受托人确立任何法律义务和相应权利，特别是在信托基金或受托人没有与捐赠国家签订捐赠协议的情况下。

但是，基于以上原因，这一假设并不正确。首先，在大多数情况下，作出的认捐承诺被视为具有约束力的许诺。[1] 尽管在多边捐赠国会议惯例背景下，没有与多边捐赠国达成协议时，一般不认为仅作出认捐承诺则产生一项义务。然而，当作出认捐承诺的捐赠国单方存入口头承诺的款项时，这一行为本身意味着捐赠国已经履行了承诺。[2] 而这一行为使基金或受托人产生了合理的预期。

其次，受托人并不从事小额银行存放业务，也很少贡献其财政资源，因此不会把钱存放在自己的账户，即便对于世界银行或其他政府间金融机构也是如此。这意味着两个独立的交易在此之后或在捐赠国转移资金时产生。一是向处理受托人账户的私人银行进行转账。这一行为受到国内法约束，且银行负有持有和处理资金的义务以及对受托人和信托基金提供获取途径的义务。之后，私人银行则作为受托人的代理人，这种关系也受到国内法和私人协议的约束。在整个交易网络中，捐赠国的意图是向具有国际法律人格的实体提供资金。无论是通过受托人还是后者设立的私人银行账户，或者其他情形，将资金

---

〔1〕《国际法委员会报告》(2004 年)，第 91、97 ~ 98 段。

〔2〕 国际公共金融机构，如世界银行，一般要求捐赠国向其信托基金部门发送存款指示副本，并指示存放捐赠的私人银行通知世界银行。参见英国与国际复兴开发银行/国际开发协会发布的《关于天然资源产业透明度倡议信托基金的管理协定》(TF 053509)(2004 年 8 月 19 日)。

转移到一个独立的法律实体名下,即使在不附带书面协议或无约束力谅解备忘录的情况下,资金的转移活动会对受托人和信托基金产生法律后果。[1] 就信托基金本身而言,所有存入的款项均被视为其预算的一部分。而受托人,尤其是世界银行,有义务根据其与信托基金的《国际复兴开发银行协定》来处理、投资或使用这些资金。因此,如果转移仅仅是一种单方行为且没有任何法律效力,则捐赠国可以在任何时候要求偿还其存款,因为存款行为并未对基金或受托人产生任何合理的预期。

最后,捐赠国的捐赠存款须得到私人银行和受托人的接受。某些情况下,接受是默许行为,即使这样,也会记录在某个地方,无论是在私人银行的存款记录中,还是在受托人的官方审计中。一般情况下,为了符合审计惯例,受托人需要根据内部规章制度,批准捐款并清晰地予以记载。[2] 捐赠国指定用途导致受托人不满,或者捐款确实不符合基金条款规定时,受托人可以拒绝接受捐款。

然而,应当指出,只有通过捐赠国与基金或受托人之间的转移或存款行为所产生的法律义务而非捐赠国和私人银行间的交易,才受到国际法的约束。在受托人享有国际法律人格的情况下,捐赠国将该资金转移给信托基金或受托人是否也受到条约法的管辖则是另一回事。关键问题是,转让款项的行为相当于一个自主的书面协议,还是本身以另一条约为基础。费兹莫利斯(Fizmaurice)法官在对西南非洲案的不同意见书中指出:

单方的行为在相互联系时可能具有准条约的特性,或与现有条约

---

〔1〕《联合国财务条例和细则》第 103. 5 条规定,该行为需要该组织批准。根据第 3. 12 条,所接受的捐赠国指定目的的资金,应视为信托基金。

〔2〕 例如,《国际刑事法院受害者信托基金条例》第 26 条规定,董事会应建立核实信托基金所接收资金来源的机制。

规定相互关联。否则,它们则完全缺乏条约的要素。[1]

在多数情况下,这种转让行为不会以自主的书面协议为前提,因为这样在成本和时间方面并不合理。一种处理方法是将其视为承担义务的单方行为。同时,这种资金转让可能被解释为非书面的协议,用来在国际商事仲裁领域进行仲裁。其中,书面仲裁协议的传统要件近年来得以完善,因为现在可以通过提供协议记录的电信手段,包括电报、传真和电子邮件的方式。[2] 此外,一些国内仲裁法甚至接受口头达成的仲裁协议,这些口头仲裁协议具有存款或转让行为的诸多特点,包括:(1)签订书面协议以执行不具有约束力的承诺无效或不可行;(2)另一方(受托人/银行)可能对转让作出积极或消极的反应;(3)这两项行为均须遵守基本的法律或行业标准条款;(4)这一范式仅适用于私人商法领域,不能规范国家间的法律关系,特别是在受条约法管辖的范围。但是,如果捐赠国将资金存入私人银行账户,他必须遵守私法,不用遵守条约法。本书在其他地方提及过,新兴国际信托基金习惯法并不包括受国内私法约束的交易。

应当强调的是,资金转移只能产生具体的义务,特别是在当事方之间没有签订协议的情况下。当然,一次捐款行为不能产生永久的捐款义务、法律责任及法律效力,只涉及特定的捐赠与资金转让行为。

二、捐赠国协议

国家或政府间组织向信托基金捐款的法律形式不仅仅限于条约。上一节我们了解到国家可以通过单方行为进行捐赠,尽管在这种情况

---

〔1〕《联合国国际贸易法委员会国际商事仲裁示范法》第7条第(2)款。

〔2〕 A. Redfern and M. Hunter, *Law and Practice of International Commercial Arbitration*, Sweet & Maxwel, 1999, p. 5.

下，或形成包括要约和承诺的双边协定，或构成承担义务的单方行为。有必要审查与捐赠国达成协议的实体以及涉及认捐内容及交存资金的协议内容。大多数情况下，根据信托条款，这一工作委托给受托人。另一方案则由所有捐赠国达成协议，以联合实体的名义从事活动，但这种选择存在两个限制：一是可能涉及自我交易，产生实质性利益冲突；二是少数信托基金具有国际法律人格，它们与捐赠国之间的协议适用国际法，同时也必须服从信托基金所在地国法律。

世界银行作为受托人，将与捐赠国签订框架协议。根据上述政策，捐赠国须签订一项额外的信托基金管理协议，按照协议的规定，世界银行有权收取管理信托基金的费用。起草、签署和执行上述协定，且不存在其他可替代的方法，表明世界银行意图与捐赠国缔结具有约束力的条约，而不是受私法合同约束。在可能的情况下，世界银行与特定信托基金捐赠国签订具有约束力的标准化协定，以降低谈判成本。世界银行适用于信托基金的标准性规定，将作为标准化协定的组成部分载于每一份协议书中。这些文件所用的语言证明，这些标准化协定构成一项条约，而不是缺乏承诺性质的谅解备忘录。联合国秘书处担任信托基金受托人的情况下，也可能要求捐赠国与联合国签订具有约束力的协议。例如，联合国特派团信托基金要求，“承诺的作出和接受应当在换文中作出记录，在适当的情形下，应当记录在正式协议中”。这一表述也体现在《联合国秘书长关于设立和管理信托基金的公报》中。[1] 但这里仅仅指承诺的方式，而非捐赠国参与信托基金的合同模式。对于信托基金而言，一般只有在“认为有必要”时才需要书面协议，[2] 技术合作信托基金通常需要缔结书面协议。秘书处和联合国大会设立的一般信托基金，则不需要捐赠国与联合国之间的正式协议，更不适用条约。

---

〔1〕 UN Doc ST/SGB/188(1982 年 3 月 1 日)第 31 条。

〔2〕 UN Doc ST/SGB/188(1982 年 3 月 1 日)第 32 条;UN Doc ST/AI/285。

很明显,尽管有利于强制受托管理人执行,但托管人与国家或政府间组织捐赠国之间订立条约并非国际信托法的一般要求,受托管理人一般是一项联合国计划或所属机构,如联合国环境规划署,该机构管理大量的国际信托基金,但其职权范围未要求必须以条约形式构建捐款的安排。联合国环境规划署与捐赠国达成的安排,可以采取从条约到谅解备忘录的多种法律形式。联合国开发计划署接受的捐赠也是如此,《联合国财务条例和细则》要求缔结一项协定,但未具体说明法律性质。[1] 因此,依据上述对联合国理念的分析,与联合国开发计划署签订的捐赠协定可能不具有约束性。然而,在实践中,联合国开发计划署建立了一项信托管理协定范本,并在与所有捐赠国的关系中采用了这一范本。一项具有约束力的条约似乎更有利于确认各方权利和义务,形成可靠的法律基础。出于受托管理人及基金自身的利益的考量,使出资人受到其款项认捐承诺的约束,符合他们的利益。谅解备忘录的好处是更便于迅速缔结和通过(特别是在捐款低于特定门槛情况下),具有保密性和对永久义务豁免的特点。

通常情况下,捐赠国与潜在受托人和受援国签署谅解备忘录。这些文件的目的,不是设立信托基金或确定捐赠条款,而是“记录当事各方在适当情况下达成适当协议的意图”。荷兰、印度尼西亚和世界银行之间关于2004年地震和海啸灾难性影响后设立多捐赠国信托基金的谅解备忘录中明确提到了这一点。[2] 世界银行被任命为印度尼西亚多捐赠国基金的受托人,并以条约形式与每一个捐赠国签订了捐款

---

〔1〕 参见 A. Aust, *The Theory and Practice of Informal International Instruments*, 35 ICLQ, 1986, p. 787。利普森(Lipson)在这份清单中增加了避免正式和具体承诺和批准程序的期望、随着情况的变化重新谈判或修改的可能性以及迅速达成协议这一功能的需求。参见 C. Lipson, *Why Are Some International Agreements Informal*?, 45 Intl Org, 1991, pp. 495 - 500。此外,比尔德(Bilder)认为,各国可能为了更有效管控国际协定的风险,选择不具约束力的协定。参见 R. B. Bilder, *Managing the Risks of International Agreement*, Madison, 1981, p. 24。

〔2〕 Arne Disch and Riselia Bezerra, *Review of Post-Crisis Multi-Donor Trust Funds*, Afghanistan, Angol, 2007, p. 51.

协定。由于世界银行的政策是平等对待所有捐赠国，因此，协议必须“实质上相同”。对此，世界银行不同部门之间曾产生分歧，“实质上相同”是否意味着逐字相同？捐赠国提出的不改变协议义务的请求是否可以接受？他们在行政费用上限、恐怖主义的指定以及协议届满的确定等方面均产生了分歧。

当然，也可以通过《国际复兴开发银行协定》中的适用性规定（如适用）并在每一单独协定中作出安排的方式达成捐赠国之间的协定。挪威与美洲开发银行（Inter-American Development Bank，IDB）缔结的《关于设立反腐败活动基金的捐赠国协定》第 3 条规定，该基金应当以签署遵守捐赠国协议书的方式接受捐赠国出资。除国家和国际组织外，如果捐赠人包括私营实体，安排将变得更为复杂。在这种情况下，由于《关于设立反腐败活动基金的捐赠国协定》是一项条约，私营实体没有资格签署这种文件。因此，需要假定受托人将根据条约，与私人捐赠国签订单独的协议，条件是条约条款适用于私人实体，但同时该协议也受特定私法的管辖。此外，尽管缔约方可能认为该协议具有双重地位，最终的认定取决于所审议对象是一个国家还是一个私人主体。

三、私人主体签订的捐赠协定

与国家一样，在信托基金交易方面，私人当事方须与受托人订立合同，而不是与基金订立合同。同样地，这个协议不是一项条约，而是一项受当事方选择的法律管辖约定。鉴于合同必须“实质上相同”，以确保缔约实体的待遇平等，在受托人与私人捐赠方的协议中，管辖的法律有所不同，可能是受托人所在地国法律，但如果合同在第三国履行，适用法律可能是该第三国的法律。这是当事人之间的选择，遵循当事人意思自治的一般原则。一般来说，尽管国家捐赠人在设立信托基金时需涉及行政成本等问题，但对于私营捐赠人来说情况可能有所不同。实际上，后者的合同条款要简单得多，因为与条约制定有关的手续不适用于私人当事方。尽管如此，任何在这种关系中产生的责任,均会给私人实体带来负担,因为私人实体缺乏国家或国际组织享有的特权。[1] 这与被赋予特权的世界银行或联合国均不同。显然,在与私人当事人的相互关系中,受托人是一个平等的合同主体。在适用的情况下,私营实体有权简单地将金钱转让或存入信托基金中,不需要签订书面协议,只需要通知受托人资金已经存入。由于私人实体不是一个国家,其行为不能构成承担或不承担法律义务的单方行为。这类行为的法律性质,由调整特定交易的银行法和合同法来确定。无论如何,它们均具有合同相对性,相关行为人均应有所意识并予以认可。

私人当事人希望在没有正式有约束力的协议的情况下进行捐赠的做法,也并不罕见。在受托人的机构规则允许或不提及这种非正式协议的情况下,不排除不具约束力的私人文件的使用。世界银行的政策一般排除此类协议的可能,而管理信托基金的联合国专门机构则对私人捐款的法律模式采取了不同的做法。协议的法律性质取决于出资类型。一般以实物而不是现金进行捐赠的情形对私人捐赠者来说极为常见。例如,2003 年,诺华制药公司承诺在 5 年内为 50 万名患者提供结核病药物,这项承诺是通过谅解备忘录而非有约束力的合同作出。他们将药物交给遏制结核病的全球药物基金(Global Drug Facility,GDF),用于全球防治艾滋病、结核病和疟疾基金支持的项目。[2] 《联合国财务条例和细则》第 4.13 条和第 4.14 条中,也未规定与捐赠者签订协议的法律格式,因此,联合国主要机构及其专门机构可以自由地与私营实体达成协议条款。

---

〔1〕 一般情况下,捐赠国委托受托人与私人实体签订协议,以便就后者的捐赠提供免税津贴。参见《全球艾滋病基金框架文件》第 27 条。私人捐赠者不得享有任何特殊的好处或利益,如世界银行 OP 14.40 第 6 条。同样地,《世界银行信托基金手册》第 2.13 节(IBRD Doc 17304,1997 年 4 月)规定,该银行担任受托人时,应避免向私人投资者提供任何可能导致利益冲突或其采购规则扭曲的利益。

〔2〕 IFPMA, *Partnership to Build Healthier Societies in the Developing World*, IFPMA (August 4,2020), www. Imi. no/IFPMA_Building_Partnerships_Eng_18Jul06_0K6Fy. pdf. file.

四、受托人协议与信托融资功能

可能有人认为,一个机构通过一份协议被任命为国家捐赠资金和其他资产的受托人,这份协议,必然采取单一的法律形式,即条约的形式。然而,这种情况并未发生,受托人的任命是通过各种法律形式实现的。当受托人(如世界银行)的机构规则需要与捐赠国订立一项具有约束力的协定,或联合国开发计划署将与潜在捐赠国的示范协定制度化时,条约仍然是标准的协定形式。一个由国家与国际公共金融机构或联合国专门机构缔结的条约,将明确指定后者为受托人,或者可以根据委托给特定实体的权利和责任范围来推断这一任命。在后一种情况下,缔约方一开始就理所当然地认为,上述政府间金融机构是指定受托人,即使这一点在管理协议中没有明确规定,但必须承认,这种情况并不常见。如果世界银行或联合国专门机构已经设立了信托基金,且这些机构已经通过文件被委托担任受托人,则后续协议将:(1)默许世界银行或联合国承担受托人的角色;(2)不提及受托人,但基金文件、权利范围作为协定整体附件而予以默示承认;(3)明确合同相对人为托管人。如果捐赠国通过后续捐赠协议为信托基金提供资金,在受托人同意的情况下,它们可以修改信托基金的规定。但未经受托人及基金其他各方事先同意,不能单方更改或修改信托基金文件。根据1969年《维也纳条约法公约》第40~41条的规定,一份基本协议,无论被称为基金工具或附加标准条款,均被视为与多边条约具有相同的地位。根据《维也纳条约法公约》,由于缔约方已商定,上述文件以具有约束力的方式规范其法律关系,虽然这类基础文件本身并不自动具有法律约束力,但由于被纳入受托人和捐赠国之间的条约,或者由于捐赠管理协议使其对双方具有约束力,这类基础文件就具有了法律约束力。

鉴于联合国及其专门机构并不要求订立受托人协议(管理协议)或捐赠国之间的条约,也可能会出现签订谅解备忘录的情形。事实上，联合国相关条例并不强调受托人协议与捐赠国协议必须以合约形式出现。实践中的例子包括《防治荒漠化公约》缔约方会议与国际农业发展基金（International Fund for Agricultural Development，IFAD）之间关于全球基金模式和行政运作的谅解备忘录，[1]《生物多样性公约》缔约方会议与全球环境基金之间的谅解备忘录等。[2] 全球环境基金和国际农业发展基金充当融资功能一方，其作用是为缔约方会议决定的项目提供资金，但需要具备的前提是，这些决定符合国际农业发展基金与全球环境基金相关的宪章性文件。在缔约方会议全球环境基金谅解备忘录中，选择谅解备忘录被认为是因为两个实体均不具备使其能够缔结一项条约或其他具有约束力协定的完备法律人格。当此类谅解备忘录的缔约方有意拒绝承担有约束力的义务时，这些文件不产生约束力的特点就会受到挑战和质疑。首先，就谅解备忘录订立的信托协议而言，受托人被任命为信托基金及其资产账户的持有人和管理人。这本身就意味着一项义务，即受托人对捐赠人负有特定义务，这一点无法在（谅解备忘录）不具约束力的基础上承担。这些义务来自国际法信托基金领域的广泛实践，因此可以认为，这种做法已成为国际习惯法的一部分，故具有约束力。此外，正如第四章所述，一旦指定受益人，受托人即对其负有信义义务。对于受托人和捐赠国来说，如果双方在信托中不对受益人承担任何义务，是非常荒谬的。

尽管全球环境基金缺乏政府之间合作的性质，但根据相关协议，受托人仍须承担一些义务，例如，编制和提交年度财务报告等。一些环境条约项目并不将全球环境基金或国际农业发展基金作为其资金来源，在这些情况下，就特定项目的资金发放而言，各缔约方会议作出的决定对全球环境基金也具有约束力，尽管该决定不具有合同性质。

---

〔1〕 谅解备忘录第 2 条。谅解备忘录作为附件 1 载于 Doc UNEP/CBD/COP/3/10（1996 年 10 月 11 日）。

〔2〕 谅解备忘录第 2 条第（c）款。谅解备忘录作为附件 1 载于 Doc ICCD/COP（3）/10（1999 年 8 月 30 日）。

多数观点认为,尽管应尊重签署(不具约束力的)谅解备忘录的各方意图,但其中一些内容,必然会产生具有约束力的义务,无论基于受托人职能或基于国际习惯法。处理这类协定的最好办法是根据条款的具体内容进行判断。或者可以这样理解,建立信托关系的谅解备忘录各方,了解并接受由此关系产生的约束性义务,谅解备忘录强调了该关系中其他方面的非约束性。

最后,有必要对因解释和执行管理协议而产生的争端管辖权进行讨论。由于不存在统一的做法,人们一般不能依赖国际信托基金法的一般原则。有些管理协议规定了仲裁程序,而另一些管理协议则没有这样的规定。在没有仲裁条款的情况下,认为世界银行适用贷款和担保协议的一般条件并不合理(假定世界银行是受托人)。[1] 同样,《国际复兴开发银行协定》中包含的仲裁条款不能用于解决与非《国际复兴开发银行协定》当事方捐赠国之间的信托关系纠纷。当捐赠国为其中一方当事人时,结果将明显不同。解决这种法律真空的一种方法,是将争议提交具有适当管辖权的国内法院,特别是世界银行所在地国的法院,这也符合世界银行在国际信贷合同中引入法院条款的做法。[2] 这应是最适当的解决办法,因为在协议没有仲裁条款的情况下,捐赠国提交的仲裁将被仲裁庭视为无效,除非世界银行根据以往惯例默示存在一份仲裁协议。国家不能为了避免法院地法院的管辖权而援引国家豁免权的程序性辩护,或者,援引所涉协议是一份条约而非一份私人合同。在任何情况下,这种决定都应以交易的目标、目的以及信托基金的性质为前提。如果出现主权豁免情形,无疑将构成对地方法院管辖权的程序障碍。但是,具有国际法律人格的受托人不太可能决定由一国法院解决与捐赠国之间的争端。很显然,这一路径

〔1〕 General Conditions Applicable to Loan and Guarantee Agreements,1985. 参见本书第三章第七节。

〔2〕 N. Horn, J. J. Norton, *Non-Judicial Dispute Settlement in International Financial Transaction*, Kluwer, 2000, p. 9.

仅适用于与私营主体之间发生的争端。

第七节 国际信托基于私人合同建立

国家与国际组织之间的国际信托基金,可以通过合同而非条约设立。此类信托文件,参与者涉及国家和私人主体,虽然私人主体与国家、国际组织的法律关系并不受条约影响,[1]但这种法律关系仍需遵守谅解备忘录和私人合同。即使适用的法律主要来自国际公法,但这些法律文件仍具有特殊性。具体到包括私人当事人的信托基金,这种情况下的法律关系只能适用条约以外的法律文件。正因如此,原型碳基金文件不能被视为私人主体和公共主体之间的条约,因此,需要受托人与每一参与主体缔结双边协议。在本章之前的讨论中,笔者提出了理论上的可能性,即原型碳基金文件可以视为一个包含公共关系和私人关系的单一文件。存在一些信托基金的例子,其中包括具有不同法律地位的各类主体,这些主体牵涉不同的契约关系。然而,这些信托也并非以私人合同为基础。

新兴的国际信托基金法对设立信托基金文件的法律性质没有提出任何要求。一般认为,国家之间或国家与国际组织之间应根据条约设立基金。当他们决定根据私法来规范相关法律关系时,国家及国际组织即可订立具有私法性质的协议。一般来说,各国更倾向于选择条约,因为它排除了一国国内法院的管辖权。通常私法无法规范涉及主权的事项,如海洋划界、领土割让、自决、空间探索等。当然,信托基金不会涉及这些问题,国际信托模式的主要吸引力在于限制了捐赠国在基金运作方面的责任。事实上,捐赠国无须担心自己在其他国家法院被起诉,因为任何诉讼均将针对受托人或信托基金。除了为处理小岛

〔1〕 UK v. Iran, ICJ Rep(1952)93, p. 11.

国家财政稳定而采用的信托之外,其他设立的信托并不需要以条约为基础。签订私人性质协定的缔约方,只在捐款交付和基金决策(如有的话)方面对受托人负有义务。而这些私人性质合同的当事人,已经将这些内部业务的运作置于公司治理法或某一特定国家基金法管辖之下。考虑到这种选择可能引起广泛的诉讼、第三方根据国内法的干预以及更易受到受托人内部程序的约束,因此,一般不建议采用这种选择。总体来说,合同的订立更为便捷,多数情况下也不需要议会的批准,只需要部长的同意即可。当事人可以将国际法作为合同准据法,并约定争议的解决排除当地法院的参与。这将是一份无国籍或不受仲裁地法约束的混合协议,仲裁员可以根据具体情况适用签字国或仲裁员所在地国的法律。在这种情况下,国际法的相关规则不足以提供具体的解决方案。仲裁员将利用仲裁法来规范程序的进行,并向当局寻求禁令或其他措施,除非仲裁协议对这些本地化措施进行了限制。

以上讨论中,可以确定当事人在采用合同形式下的内部关系时,仍未充分考虑有关信托基金作为受国际信托基金法管辖的实体被承认的问题。可以假设,只要各方当事人(至少一方是具有国际法律人格的国家和受托管理人)同意信托受国际法管辖,那么,协议的法律性质对信托受到国际法约束的事实不产生任何影响。这种情况下,自合同订立之日起,信托脱离并独立于当事人涉及的其他私法法律关系。这一点在世界银行或联合国等国际组织的合同条款中得到加强。从设立之时起,信托的内部管理和程序受到受托人管理制度的约束,根据受托人相关协定或默示授权,这些规则本身受到国际法的约束。除信托文件中一般规定的受托人责任限制外,信托基金并不独立于受托人,因为信托基金的诞生系受托人的机构行为(如国际复兴开发银行执行理事会决议)引发,因此,除协议另有规定外,从法律上看,信托受到受托人所适用的国际法的调整。

第三章　国际信托基金的国际法律人格

第一节　引　　言

在前几章中笔者讨论了国际信托基金的法律性质以及捐赠国与受托人之间的法律关系。这些法律关系有助于建立信托基金之间相应的权利和义务。本章讨论政府间国际信托基金的法律人格，考察信托的身份和法律地位。

各国和国际组织可以在不同的信托类型中进行选择，选择主要取决于需要解决问题的紧迫性、贡献的金融资产以及建立信托的期限。关于信托基金的法律人格问题，可以从以下两种信托基金入手：(1)具有法律人格的基金；(2)不具备法律人格、合同和其他功能均依赖于受托人法律人格的基金。没有法律人格的信托基金模式包括与欧洲安全与合作会议或欧洲安全与合作组织相类似的信托组织（如非正式团体、协会或会议）以及受托人持有的缺乏独立组织架构的信托账户。具有国际法律人格的信托基金一般分为两类：一类是完全拥有国际法律人格且可以有效地被划分为国际组织的信托基金；[1]另一类是通过条约条款获得有限的国际法律人格的信托基金，其法律人格受到相关条约的限制，包括在成员方境内具有的国内法律人格；基于《总部协定》而在东道国境内拥有的完全或部分国际法人格。

政府间信托基金设立的法律基础，很大程度上决定了信托基金的合同权利、豁免、特权以及责任范围。这一法律基础，也决定了赋予信托基金默示权利的范围及行使这些权利的方式。虽然这些法律基础的起草者们并未将基金拥有的权利与法人的权利相区分，也未将基金拥有的权利与受托人权利相区分，或者与产生这种基金的国家会议的权力相区分，但在信托的程序方面是明确的。但是，从实体法的角度看，法律在基金特定的责任或基金解散方面仍不清晰。一个与信托在国际法律领域运作有关且反复出现的问题是有关捐赠国、受托人和信托实体本身的责任及责任豁免的规定。这一问题没有一般性规定。事实上，有关信托行为人自我监管的理解，在很多领域中与国际法的一般原则和正义概念相冲突。

第二节　客观上具有政府间组织地位的信托基金

在涉及国际组织法律性质的问题上，在学术文献中有很大的争论。对于具有法律人格的非国家实体的出现，[2]传统做法在某些方面已经让位于新出现且更加自由的解释。然而，人们普遍认为，设立国际组织最重要的一个因素，是存在至少由三个国家组成一个国际组织的意图。因此，人们必须寻找该意图的证据；鉴于各国以协定的方

---

〔1〕 国际组织和政府间组织在本书中互换使用，具有相同的法律意义。

〔2〕 D. Kennedy, *The Move to Institutions*, 8 Cardozo LR, 1987, p. 841.

式处理其国际事务，如果这些协定是书面的，它们一般采取条约的形式。尽管如此，各国并非必然以条约的形式来规范其相互关系。事实上，国家之间还可以通过非正式的书面协议达到这一目的，虽然这些协议不会产生强加的约束性义务，例如，谅解备忘录或私法管辖的商业协议。此外，国家之间也可以通过产生双边或多边义务的、有约束力的单方行为处理各国之间的关系。各国还可以选择按照均接受的惯例建立法律关系。因此，不应当仅从条约法[1]中寻找、辨认建立国际组织的意图，尽管这一做法是迄今为止较为常见的做法。

此外，尽管传统的政府间组织包含三层基本的治理机构：一个执行机构、一个由所有成员组成的大会以及一个促进国际组织日常运作的秘书处，但这种模式并非构成国际组织的唯一标准。由于国际组织具有国际法律人格，这种人格只能由最初具有国际法律人格的实体授予，而这些实体只能是国家本身。因此，非政府组织、个人和跨国公司均不能授予国际法律人格，其他政府间组织也只有在章程赋予其权力时才能这样做。拉丁格言"受权者不能授权于人"（*delegatus non-potest delegarie*）很好地描述了这一限制。因此，若已明确国家真正的目的在于积极地创建政府间组织，那么该政府间组织的治理结构与这个组织的性质并没有多大关系，但也可能存在例外，即任命以私人身份活动的人员组成执行机构的政府间组织。在这种情况下，理论上可能出现执行董事会的成员仿照国家行事，即通过单一、独立的法律工具来实现共同的目标，而这正是政府间组织的突出特征。

最后，设立政府间组织机构的惯例（更重要的是条约）表明，鉴于这些实体具有国际法律人格，其人员享有该机构享有的特权和豁免

〔1〕 J. Klabbers, *An Introduction to International Institutional Law*, Cambridge UP, 2002, pp. 10 – 11. J. Klabbers 指出，联合国工业发展组织（The United Nations Industrial Development Organization, UNIDO）和联合国国际儿童紧急基金（The United Nations International Children's Emergency Fund, UNICEF）作为国际组织，其成立不是基于条约，而是通过联合国大会决议产生。参见本书第三章第五节。

权。上述特权及豁免权是由政府间组织的章程文件授予的,但是此类文件只对政府间组织的缔约方有约束力。将这种豁免权扩大到非缔约方的实现方式有两种:一种是政府间组织与第三国签订一般性的正式协议;另一种是政府间组织与第三国之间签订特定的正式协议,在第三国中存在政府间组织开展的一些业务和相关实体。这一结果可以通过《总部协定》[1]的方式来实现。这些类型的协定在政府间信托基金的运作方面均发挥重大作用。

以下将集中讨论三种类型的信托基金,它们的组织结构和法律人格既可以被定义为政府间组织,也可以在实际没有被赋予政府间组织地位的前提下具有政府间组织的一些特征。笔者将审查准政府间的信托基金、基于条约形成的作为政府间组织的信托基金以及作为政府间组织附属机构的信托基金三种类型。其中一些机构本身具有政府间组织的地位,但绝大多数机构不具有。下一节将讨论与政府间组织传统性质有关的三个因素,并确定全球基金是否以及在何种程度上符合国际组织的标准。

从全球基金的发展史来看,该基金创始人和最初执行人员专注于建立一个有效的实体,但对于如何将效率转化为可行的法律结构没有清晰的想法。传统的政府间组织依靠制定的战略目标,并首先关注成员方的政治状况与需求。与之不同的是,全球基金的起草人极少关注政治关系,甚至那些可能影响基金治理模式或基金法律人格的政治关系。相反,他们侧重于使参与国履行其捐赠承诺与基金目标的实现。由于缺乏对基金结构和法律人格的政治关注,且全球基金的创建者均为国家,全球基金与传统国际组织在谈判阶段即表现出很大的不同。全球基金拥有数十亿美元的营运资本,与其他专业机构和政府间组

[1] C. W. Jenks, *The Headquarters of International Institutions: A Study of their Location and Status*, Royal Inst. Int'l Affairs, 1945; S. Muller, *International Organisations and Their Host States: Aspects of Their Legal Relationship*, Martinus Nijhoff, 1995; Z. Hetesy, *The Making of the Basic Principles of the Headquarters Agreement*, 25 Fordham ILJ, 2002, p. 626.

织相比,其财务规模优越得多,因此,财务问题并不构成障碍。由于拥有充足的财务资源,全球基金在其相关领域具有处于主导地位的能力。

基金之所以要成为国际组织,这一问题的答案或许存在于以下因素:(1)不存在以普遍参与为基础开展活动的意图;(2)存在志同道合国家的集合;(3)参与方并不关注法律程序。基于这些考虑,人们甚至可以假设全球基金的创立者并不打算建立一个政府间组织但这种假设是错误的。传统政府间组织很大程度上均具备框架性的规范原则,甚至是可以反映该组织主旨的习惯法,在国际组织成立并获得法律人格地位之前即存在。因此,联合国成立之前,其第二次世界大战后的成员方也可以适用 1928 年《巴黎协定》[1]以及有关武力使用的国际习惯法和不干涉(内政)原则等。《联合国宪章》引入了新的原则,并重新修订了既存的原则,该宪章并非凭空产生。其他国际组织亦是如此。这些国际组织的成员通过双边、多边条约或根据商业惯例,对组织机构的运作进行管理。但信托基金领域的情况截然不同,因为基金组织的建立是为了收集、管理和支付款项,除偶尔提供援助外,不会有正式的协议来界定信托基金的主旨或宗旨。就人类生存或保护全球环境而言,信托基金的建立具有紧迫性,加之缺乏与提供援助相关的一致性的国际规范框架,这就要求信托基金的建立应对参与方和利益相关方法律人格问题采取灵活的路径。就全球基金而言,这种灵活的路径并不使创建国可以享有拒绝权。相反,该路径的重点是使基金先行运作,当这一目的实现后再对法律人格进行详细讨论。在 2001 年 10 月全球基金第一次会议上,该基金已经获得了捐款承诺。会议的一项议案是,在缺乏正式法律结构下,秘书处是否应作为有权订立合同

---

〔1〕 *Treaty Providing for the Renunciation of War as Instrument of National Policy*, 94 LNTS 57.

和持有财产的法律实体。[1] 起草者还关注了基金的独立性以及基金从公共、私人领域寻求捐赠的能力。他们认为，如果全球基金在传统法律框架下正式成为一个组织，则具有失去其独立性的风险，而全球基金的设立初衷是完成特定工作，失去独立性的基金将不利于这项工作的完成。[2] 瑞典领导的法律工作组提出了两种解决方案，即基金组织为独立的法律实体，或者利用现有国际组织成立非正式联盟，或者以现有国际组织的法律地位为基础活动。大多数成员倾向于非正式联盟模式，但也有成员认为完全的独立对建立公众信任至关重要。[3]

2002 年，过渡工作组（Transitional Working Group，TWG）决定使全球基金组织成为一个独立的瑞士基金会，并在日内瓦进行登记。[4] 这一解决方案并未成功地解决该基金不断产生的问题，尽管按照创建者的意愿，该组织是独立的、保留了公私合作的特点，但很快发现，该基金的私人基金会地位，剥夺了其在瑞士境内政府间组织可以享有的特权和豁免。由于缺乏特权和豁免，基金在瑞士以外的业务出现了诸多问题。例如，由于该基金的私人性质，全球基金的雇员不能免除瑞士所得税，且需要获得瑞士的工作许可。同样，该基金必须缴纳增值税，因而增加了员工成本，而其作为一个独立实体也易受到法律诉讼的干扰。此外，根据瑞士法律的规定，员工也可能以个人身份涉及法律诉讼。与其他国际组织相比，该基金的成本以及吸收优秀员工的能力丧失（与其他政府间组织的就业机会相比，缴纳所得税使这些员工对全球基金失去兴趣），这意味着全球基金不得不重新考虑灵活性这一基本前提。为了使全球基金留在瑞士境内，瑞士联邦政府提出了一个方案，包括与世界卫生组织签署一项行政服务协定（Administrative

---

〔1〕 First Meeting of the TWG, *Final Report*, 2001, p. 4.

〔2〕 First Meeting of the TWG, *Final Report*, 2001, p. 5.

〔3〕 Second Meeting of the TWG, *Draft Final Report*, 2001, p. 4.

〔4〕 GF Doc GF/B5/Annex 6, 2003, p. 3.

Services Agreement,ASA),而世界卫生组织本身为国际组织。根据上述协定,全球基金的秘书处并入国际卫生组织,同时保留基金的独立性以实现基金的运作目的。另外,瑞士政府同意提供免税和类似于其他政府间组织特权。随后,全球基金与国际卫生组织在 2002 年 5 月 24 日签订了行政服务协定,尽管该协定赋予全球基金及其工作人员在国际法上的权利和特权,但它仍受瑞士法律管辖,因此不构成一项国际条约。除提供行政服务外,该协议实质性地拓展了全球基金以及其工作人员在世界卫生组织中的特权和豁免权,这些内容是瑞士联邦委员会与世界卫生组织在 1948 年 8 月 21 日确定世界卫生组织的法律地位的协议中规定的。此外,1947 年《专门机构特权和豁免公约》适用所产生的利益被授予全球基金,世界卫生组织国家所签订的各种《总部协定》项下的利益也同样赋予该基金。

上述协议的作用并不是建立一个全新的、不同的国际组织。全球基金仍然是根据瑞士法律组建的实体,尽管全球基金的业务与非瑞士籍员工获得了世界卫生组织的特权和豁免,然而,从实际角度以及从试图将基金脱离世界卫生组织方面来说,这一模式并不成功。因此,在全球基金成立一年后,放弃了最初支持政府间组织并选择灵活性的做法。

回到本节最初提出的问题,即全球基金的缔约方是否有意将基金由一个根据瑞士法律而享有特权的组织转变为纯粹的政府间组织?缔约方并未为建立政府间组织而达成一项受国际法管辖的协定。尽管如此,缔约方与瑞士政府还是签订了《总部协定》,[1]该协定承认全球基金在瑞士领域内的国际法人格和法律权能。这种方式本身虽不足以证明建立全球性政府间组织的目的,但由于其只能在瑞士境内有特定限制,董事会在讨论转变的各种方案时指出,只能通过《总部协定》来实现法律地位的转变。虽然《总部协定》已经达成,但并没有授

〔1〕 GF Doc GF/B8/7,附件 4a。

予全球基金国际组织的法律地位。[1]《总部协定》只是为了确认该实体的法律人格或授予某些方面的特权和豁免。随着《总部协定》的签订,董事会不再讨论全球基金的法律人格问题。瑞士政府对全球基金授予的类似政府间组织的特权和豁免,只能在瑞士领土上享有。如需在其他国家享有,还需要签订其他《总部协定》或者与第三国达成类似安排。

《总部协定》仅具有双边效力,全球基金的章程以及全球基金的框架文件,也并不能构成对成员方具有约束力的条约,因此不能等同于政府间组织的章程和条约。全球基金的章程明确规定该基金由瑞士法律管辖,却未提及国际法。因此,尽管董事会希望获得政府间国际组织的地位,但无论是通过一项新的章程还是以其他方式,均没有使基金成为具有国际法律人格的政府间组织的意图。

还有两个问题有待解决。第一个问题涉及成员方是否愿意与受援国(在财政援助方面)签订双边《总部协定》,从而将其准政府间组织的地位扩大到瑞士以外的领土。第二个问题涉及是否可以基于基金享有的特权、豁免以及治理结构而承认基金具有客观上的国际法律人格。

本书认为,全球基金虽然在一定程度上享有瑞士联邦政府赋予的国际法律人格,但在成员方当中并不享有作为政府间组织的国际法律人格,上述这种参考或推论,显然超出了全球基金的章程范围。尽管如此,全球基金在其他国家也享有客观上的国际法律人格并非没有可能,因为其在瑞士成立或者根据其职能而默认这一地位。在这两种情

---

〔1〕《总部协定》仅授予基金类似政府间组织的地位。瑞士政府根据其 1955 年 9 月 30 日签订的关于同国际组织缔结和修改的协定,以确定其在瑞士的法律地位的联邦法令,将这种地位授予在瑞士活动的非政府组织。瑞士已同国际奥林匹克委员会、国际航空运输协会和其他机构签订了类似的协定。参见 Legal Opinion of M-C. Krafft, *On the Modifications which should be Made to the Legal Status of the Global Fund in View of the Transformation of the Fund into an Intergovernmental Organisation*, GF Doc GF/B5/Annex 6.1, pp. 11 – 15。

况下,人格均将根据一个国家的国内标准来确定。承认上述客观上的法律人格,并不意味着同时认可其政府间组织的法律地位,特别是在创建者已明确排除这种可能性的情况下。此外,全球基金可以通过签订有关协定从而在其他国家享有国际法律人格。在以下部分中,笔者将更详细地讨论基金的特权和豁免。

第三节 作为完全政府间组织的信托基金

在本节中,笔者将分析两类信托基金,这两类信托基金的创建者为基金选择了政府间组织的法律结构,但这种法律结构并未全部反映出政府间国际组织的传统特征。

第一个是全球作物多样性信托基金,与全球基金不同,该基金是建立在国家间条约(《建立全球作物多样性信托基金的协议》)和其他政府间组织参与的基础之上。该信托基金的目标,是确保粮食和农业植物基因资源的长期存在与可获得性,以实现全球粮食的安全和农业的可持续性发展。[1] 这一目标的实现,需要大量的资源。信托基金为这一目的设立了一项捐赠基金,捐赠基金在自愿基础上,向成员方、组织以及私营主体募集捐款。《建立全球作物多样性信托基金的协议》序言部分有如下表述:

> 代表国际社会的本协定缔约方同意将信托设立为具有国际法律人格的国际基金,并具有使其能够有效运作和实现其目标所必需的权力与授权。

该协议由少数条款组成,并将章程作为《建立全球作物多样性信

[1] 《全球作物多样性信托基金会章程》第2条第(1)款。

托基金的协议》本身的组成部分,因章程成为条约的组成部分而具有条约性质。信托基金创建者的明确意图是创建一个使创建者不再实施控制的实体,以便具有足够的灵活性从而实现信托基金的目的。因此,信托基金的创建者具有非常明确的以国际组织形式建立信托基金的意图。只有国家和国际组织才享有完全的国际法律人格和制定条约的权利,因此,全球作物多样性信托基金是国际组织的一部分。

尽管协议成员方赋予信托基金完全的法律人格并视其为政府间组织,但信托基金并未在国际舞台进一步发挥积极作用。信托基金的执行董事会来自各国的代表,但这些董事并非代表协定的缔约方,而是代表发展中国家以及由《粮食及农业植物遗传资源国际条约》的理事机构、信托基金的捐赠方理事会,或由联合国粮食及农业组织总干事(后者无表决权)[1]任命。此外,执行董事会的每位成员均以个人身份行事,在审查政府间组织执行机构的组成和权力时,审查重点在于该机构与政府间组织成员方的关系以及独立性。[2] 有观点认为,执行机构应当具有独立于成员方的意愿,否则该机构更类似于国家议会,机构的独立性也会受到影响。然而,这一原则与全球作物多样性信托基金的背景不同,在传统政府间组织中,条约的一些成员方享有该组织执行机构的成员资格,其他创始国和加入国至少享有与联合国大会类似机构的成员资格。执行机构国家派出的代表并非服务其所在国家或政府,执行机构也并非缔约方及其政府代表。会员国的初衷是设置一个独立的执行机构。尽管独立的意图是必要的,但在执行机构和成员方之间也必须存在某种联系。

另一个具有政府间组织地位的信托基金是商品共同基金(Common Fund for Commodities,CFC),该基金根据 1980 年《建立商

---

〔1〕《全球作物多样性信托基金会章程》第 5 条第(1)款。

〔2〕J. E. Alvarez, *International Organisations as Law-Makers*, Oxford UP, 2005, p. 4; H. G. Schermers and N. M. Blokker, *International Institutional Law: Unity within Diversity*, Martinus Nijhoff, 2003, pp. 26 – 39.

品共同基金协定》的一项多边协定设立。[1] 基金的目的是促进改善发展中国家在国际贸易中市场结构的全球行动。为实现这一目标,《建立商品共同基金协定》设立了除储备账户之外的其他两个账户。第一个是为了缓冲库存和国际协调而提供资金使用。第二个账户被指定为非库存商品领域的融资机制使用。[2] 与全球作物多样性信托基金不同,商品共同基金由该协定缔约方以及在商品领域发挥作用的政府间组织组成,其中,政府间组织在基金中并不具有表决权。商品共同基金具备政府间组织地位的这一特征,在理事会这一最高执行机构中得到体现,理事会完全由拥有投票权的国家所主导。此外,商品共同基金在成员方领土内享有广泛的特权和豁免权,并且“具有完全的法律人格,特别是与各国和政府间组织订立国际协定或者订立其他合同的职权……”[3]毫无疑问,商品共同基金根据章程享有完全的政府间组织地位,而不仅是某种程度上的国际法律人格。

第四节　作为有限政府间组织的信托基金

1971 年,《设立国际油污损害赔偿基金国际公约》获得通过。1992 年《国际油污损害赔偿基金国际公约》(以下简称 1992 年《基金公约》)取代了上述文件。1992 年建立的赔偿基金,作为 1969 年《国际油污损害民事赔偿责任公约的议定书》的配套措施,[4]该议定书规定了船东对油污损害的赔偿责任。然而,《国际油污损害民事赔偿责

---

〔1〕 1538 UNTS 3. 除建立商品共同基金外,还有许多关于特定商品的协议,如糖、咖啡、金属和其他商品。参见 J. E. S. Fawcett, *The Function of Law in Commodity Agreements*, 44 BYIL, 1970, p. 157。

〔2〕 参见《建立商品共同基金协定》第 3 条。

〔3〕 参见《建立商品共同基金协定》第 41 条。

〔4〕 1956 UNTS 255.

任公约的议定书》则以船东严格赔偿责任原则为前提，并由此建立了强制责任保险制度。根据1992年《基金公约》设立的信托基金，是为了在根据《国际油污损害民事赔偿责任公约的议定书》所获赔偿数额明显不足的情况下补偿受害者。[1] 1992年《基金公约》第2条规定，基金应被每一缔约方法律承认有资格承担权利和义务，并在该缔约方法院成为诉讼一方。尽管信托基金的一些正式报告提及基金作为“世界性国际组织”的地位，[2]但条约没有明确赋予国际油污损害赔偿基金类似于全球作物多样性信托基金、商品共同基金所享有的国际法律人格。第2条仅赋予国际油污损害赔偿基金国内法律人格，以使该基金能够成为对其成员方主张赔偿的诉讼主体。国际法律人格的缺失，还体现在该信托基金的资产、财产和人员不享有豁免权。根据基金公约，该信托基金仅享有与资产和收入有关的直接税负豁免以及与其职能有关的进出口物品的税收和关税减免。相对更为全面的国际法律人格仅在基金于1971年、1992年与英国签订的《总部协定》中有所体现，该协定赋予基金资产及人员广泛的豁免权。英国政府通过了一项法律文件，再次承认国际油污损害赔偿基金广泛的国际法律人格。[3]《总部协定》对不具有国际法律人格的信托基金来说至关重要。

国际油污损害赔偿基金是介于全球基金与正式政府间组织之间的一个混合型法人组织。一方面，国际油污损害赔偿基金在注册国境内享有国际组织的特权和豁免；另一方面，赔偿基金在其他成员方境内具有以章程条约为基础的国内法人格，无须签订额外的条约或协定。全球基金的法律人格中没有后一类特征。显然，这一模式更符合

---

〔1〕 参见G. Gauci, *Oil Pollution at Sea: Civil Liability and Compensation for Damage*, Wiley & Sons, 1997; A. Khee-Jin Tan, *Vessel-Source Marine Pollution: The Law and Politics of International Regulations*, Cambridge UP, 2006, pp. 300 – 309。

〔2〕 IOPFC Secretariat, *Explanatory Note on the International Regime for Compensation for Oil Pollution Damage*, 2008, IOPFC (August 4, 2020), www. iopcfund. org/hpdf/genE. pdf.

〔3〕 SI 1996 No 1295. 国际油污损害赔偿基金1992号令（豁免及特权）。

成员的利益，因为它们赋予信托基金法律人格的意图，是通过诉讼程序履行其赔偿职能，又可能不会导致个人责任的风险。如果基金是围绕一个松散的协会组织起来，这种风险就可能出现。

前几节中，笔者试图在信托基金的性质中发现政府间组织地位的法律人格特征，而就国际货币基金组织而言，根据《国际货币基金组织章程》第 11 条规定以及其与联合国签订的成为联合国特殊机构的有关协议，国际货币基金组织的政府间组织地位已得到明确认可。[1] 国际信托基金在成员范围内任命受托人没有任何法律障碍，特别是当基金是政府间组织的情况下，因而不需要对其资产进行豁免或向相关国家寻求特权。我们已通过建立和运作全球作物多样性信托基金以及商品共同基金的案例得到印证。国际信托基金与为实现特定目的而拥有资产的具有国际法律人格实体的不同之处在于，国际信托基金（如国际货币基金组织）是为了未来受益人的利益而拥有信托资产，且未来受益人不是捐赠国自身。如果国际货币基金组织仅仅为使捐赠国未来使用而持有该资金，那它就是在仅仅履行一种类似银行的职能而非信托职能。同样，如果国际货币基金组织仅仅持有资金而没有依据信托方式去运用资金，实质上也未形成一项真正的信托。情况并非如此，因为《国际货币基金组织章程》第 1 条所规定的目标为提供国际货币合作和保持汇率稳定（而非为捐赠国目的）。

此外，国际货币基金组织在与身处财务困境、向其请求援助国家进行交易的过程中，并非仅向该国提供它们作为会员支付的款项（如特别提款权），而是扩大至对其他资金的使用，包括其他国家支付的资金。[2] 向国际货币基金组织提供资金，并不一定意味着成员一定希

---

〔1〕 J. Gold, *Interpretation: The IMF and International Law*, Springer, 1996；《联合国与国际货币基金组织协定》第 1 条第（2）款，16 UNTS 328。

〔2〕 参见《国际货币基金组织协定》第 5 条；《国际货币基金组织关于一般贷款协定的第 1289 -（62/1）号决议》（1962 年 1 月 5 日）；6663 -（80/160）S（1980 年 10 月 31 日），基金出售特别提款权；71 - 2（1946 年 9 月 26 日），协议条款的解释。

望在未来某个时候收回这些资金。相反,正如 2008 年全球金融危机所表明的那样,更可取的做法是将国际货币基金组织的资源用于帮助稳定其他国家的经济,以避免“多米诺骨牌效应”,而不仅将其在未来供出资国使用。国际货币基金之所以与一般银行协定不同,并成为独特的国际信托基金,区别在于国际货币基金组织的成员(捐赠国)预期未来某种特殊情况下成为受益者的可能,但这也只是一种可能性。国际货币基金组织的总体目标,即便是援助某一特定成员时,也不是单一地援助该成员,而是旨在更广泛地提高和加强国际货币体系的稳定性。

因此,国际货币基金可以被定性为一项信托基金,不过,它更具特性。与大多数信托基金不同,国际货币基金的受益者只能是国家,此外,国际货币基金组织受益人虽然拥有受益权利,但他们并不自动享有基金章程为他们设定的权利,而需要基金董事会以通过决议的方式实现。本书所讨论的国际信托基金的支付,均需要基金执行机构或受托人作出具体的支付决议。

第五节　作为附属机构的信托基金

政府间国际组织能否设立附属机构,取决于其条约的规定。《联合国宪章》第 7 条第(2)款规定了其设立附属机构的一般权力,该条亦未规定联合国各主要机构设立附属机构以行使职能和权力的可能性。这一特定权力可能在其他条款中作出规定。就联合国大会而言,《联合国宪章》第 22 条允许联合国大会设立附属机构,只要其“大会认为(设立)附属机构是履行职能的必需”。[1] 然而,对于联合国各机构能

---

〔1〕 根据《联合国宪章》第 29 条的规定,安理会也存在同样的权力与限制。关于联合国大会和理事会应依据第 22 条和第 29 条,还是应依据第 7 条第(2)款的更一般性规定,一般认为,很大程度上取决于附属机构的性质及职能。D. Sarooshi, *The Legal Framework Governing United Nations Subsidiary Organs*, 1996, 67 BYIL, p. 413.

否授予从属机构其本身并不具有或无法行使的权力，《联合国宪章》未作规定。国际法院(International Court of Justice，ICJ)的判决倾向于认为，如果附属机构仅包括对其授权的主要机构所具有的职能，附属机构设立后就无法约束其创建机构。另外，如果联合国主要机构通过附属机构行使其《联合国宪章》所授予的权力，则附属机构或许能够对其创建机构进行约束，因为授权事项包括权力，而不仅是职能。[1] 对这一问题，在具有司法功能的附属机构中，有两个机构，即联合国行政法庭(The United Nations Administrative Tribunal，UNAT)和联合国前南斯拉夫问题国际刑事法庭(The International Criminal Tribunal for the former Yugoslavia，ICTY)，与其他机构不同的是，这两个法庭均拥有所有司法机构固有的权力。[2]

在政府间信托基金这一特定情境中，这些信托基金虽然不是司法机构，但它们作为联合国主要机构的附属机构，在设立前应对其设立的前提条件进行分析，例如，附属机构是否仅作为《联合国宪章》下职能或者权力的代表。

一、作为联合国附属机构及政府间组织的信托基金

联合国儿童基金会(The United Nations International Children's Emergency Fund，UNICEF)常常与联合国机构、政府间组织地位联系在一起。联合国儿童基金会也是一个以本书所述方式设立的信托基金。[3] 该基金会于1946年作为联合国大会的附属机构而成立，[4] 最

---

〔1〕 *Effect of Awards of Compensation made by the United Nations Administrative Tribunal*, ICJ Advisory Opinion, ICJ Rep (1954) 47.

〔2〕 *ICTY Prosecutor v. Tadic*, *Decision on Interlocutory Appeal on Jurisdiction*, 35 ILM, 1996, p. 32.

〔3〕 只有联合国大会和秘书处设立的一般技术合作信托基金才受《联合国秘书长关于设立和管理信托基金的公报》(UN Doc ST/SGB/188，1982年3月1日)规定的约束。联合国儿童基金会只受《联合国宪章》及其本身的章程文件的约束。

〔4〕 《联合国大会第57(1)号决议》(1946年12月11日)。

初的资产包括被解散的联合国救济和复原管理局(The United Nations Relief and Rehabilitation Administration,UNRRA)的剩余资金以及各国政府和私营企业的捐款。[1] 设立联合国儿童基金会的法律基础是《联合国宪章》第55条,该条是在儿童基金会成立之时与人权保护有关的少数条款之一,尽管该条措辞含糊,也没有以约束性语言表述。联合国大会随后的两项决议将基金的工作重点转移至发展中国家的儿童身上,并确定基金的长期存续。[2] 除第2款第(a)项规定的"授权儿童基金会接受资金,取得、持有或转让财产,以及采取任何其他为实现其目标和宗旨所必需的法律行为"外,创设大会的决议或随后的两项决议均没有关于联合国儿童基金会作为政府间组织地位的规定。

联合国儿童基金会独立于任何政府,拥有自己的预算和治理结构,由政府代表组成的执行董事会。与其他联合组织基金、项目相同,联合国儿童基金会需要得到联合国安理会的授权。1994年,联合国大会改组基金董事会的组织和政策架构,将其置于联合国大会及联合国经济和社会理事会的总体政策之下,并遵守联合国安理会的指令。[3]

尽管联合国儿童基金会看似独立,但其提出的主张已被视为联合国的主张。[4] 因此,很难将联合国儿童基金会视为一个典型的政府间组织,该基金会与其创建者之间缺乏完全的独立性,而是一种附属的状态。深入研究联合国儿童基金会的政府间组织地位并不在本书的主题范围之内,但应强调的是,联合国儿童基金会既然是世界范围内公认的政府间组织,其作为政府间组织的国际法律人格是客观存在的,对联合国及其两个主要机构的政策依赖,必然意味着联合国要对

---

〔1〕《联合国大会第57(1)号决议》(1946年12月11日)第2条第(a)项。

〔2〕《联合国大会第417(Ⅴ)号决议》(1950年12月1日)与《联合国大会第802(Ⅷ)号决议》(1953年10月6日)。

〔3〕《联合国大会第48/162号决议》(1994年1月14日),第7页。

〔4〕 Balfour, Guthrie & Co Ltd v. United States, 90 F Supp 831, 17 ILR, 1950, p. 323; United Nations v. B, 19 ILR, 1952, p. 490.

联合国儿童基金会在履行其任务过程中所作的行为负责。

在管理和运用基金的资产方面,以政府间组织的形式的信托基金往往不存在基金的外部受托人。这一政策选择存在多个原因。受托人的缺失导致费用大幅度减少。不设立受托人可以减少交易成本,支付行为可以不经过受托人便得到实施。同样,作为政府间组织可以享有充分的特权和豁免,并将这种权利扩大至基金所属资产。此外,政府间组织信托基金的法律作用与其他信托基金的法律作用对比差异并不明显。赋予这些信托基金政府间组织地位所带来的利益,抑制了它们对信托关系的形成和在信托组织中进行资产管理(由受托人而非由政府间组织直接拥有所有权)的需求,由此促成信托基金更多地对直接拥有资产所有权和支付的选择。

二、信托基金作为附属机构的转化

本书第二章已经阐述,联合国秘书长和联合国大会完全有权力设立信托基金。两者的区别在于,联合国大会可以设立作为联合国附属机构的信托基金,而秘书长没有这种权力。信托基金可以从一种形式向另一种形式转化和演变,这取决于基金活动的范围和特点、从会员国得到的支持、能否有效沟通说服会员国以及是否不与其他机构职能重叠等因素。此外,信托基金还需表现出实现目标需要的独立性。联合国人口活动基金(The United Nations Population Fund,UNFPA)就是成功地实现类型转化的一个机构。该基金最初由联合国秘书长设立,随着基金活动的不断成功,联合国大会最终决定将该基金置于联合国大会法律部门之下并转化为联合国大会的附属机构。[1] 联合国大会认为,人口活动基金的"业务范围已扩大到需要由一个政府间机构进行监督的程度"。[2] 随着基金地位的变化,基金法律人格和权利也随

---

〔1〕《联合国大会第3019(XXVII)号决议》(1972年12月18日)。

〔2〕《联合国大会第3019(XXVII)号决议》,前言。

之发生变化。附属机构还可以设立其他附属机构,除非这一权利被明确限制或排除。[1] 因此,一般情况下,联合国主要机构的直接附属机构可以决定设立额外的信托基金,以支付相关技术费用或承担技术职能,以便将这些信托基金同原始信托基金的预算区分开。额外设立的基金一般不是联合国的附属机构,具有不同的治理结构。

转变为联合国附属机构后,信托基金在法律人格、财政控制方面相对独立于其所从属的联合国机构。例如,《联合国大会第 3019 号决议》改变了联合国人口活动基金的法律地位,要求转化后的基金理事会建立适当的管理和财政条例和政策。两种不同类型的附属机构应当作出明确区分。一方面,有些机构负责执行特定任务,但不包括筹资和支付的任务。如安理会任命的制裁委员会以及诸如反恐怖主义委员会等机构。另一方面,联合国主要机构建立附属机构的目的,是为某一类特定行动筹集资金。信托基金恰好属于第二类。如果将第一类附属机构与其对应主要机构之间的预算联系部分或全部切断,将造成灾难性的影响,但第二类的特殊目的则不会造成这种问题。更重要的是,它解决了《联合国大会第 3351 号决议》提出的关于新附属实体限制的问题,因为信托基金从本质上不需要额外资源。委托人口活动基金决议中,没有要求联合国大会事先批准其预算及广泛的默示权力,应当说,联合国大会与人口活动基金之间没有预算依赖。这种缺乏依赖性的影响是双向的,因此,基金可能将其资产广泛地用于其授权范围目的,即使基金创建者并不完全认同。这一含义以及《联合国大会第 57(1) 号决议》所载的含义,在法律人格方面比一般给予联合国各附属机构或机关的含义更为广泛。联合国所有实体在外部关系中均被赋予该组织相同的法律人格,包括《联合国宪章》第 104 条和第

---

〔1〕 B. Simma, *The Charter of the United Nations: A Commentary*, Oxford UP, 2002, p. 224. 这当然服从于代理人无权委托他人代理这一原则。附属机构不能将其权力委托给另一个附属实体,而只能委托其职能。

105 条的适用以及《联合国特权与豁免公约》下的权利。附属机构与其他国家或政府间组织签订条约并建立条约关系的行为,由其从属机构通过创始决议或其他决议加以规定。为实现机构目标而“采取任何必要法律行动”的权力,使附属机构在决策能力方面比创建者具有更强的自主权。

第六节　无独立法律人格的信托基金

第四章中讨论了各种信托基金所采用的治理模式,展示了其中一些信托基金所采用的结构复杂性。然而,无论是国内性质还是国外性质,这些复杂结构均不是围绕法人而展开的,创建者似乎满足于赋予信托基金松散的法律性质,认为相关资产由受托人通过信托持有并享有受托人的特权和豁免就已足够。事实上,这些结构的存在,并不比信托账户更有优势,世界银行即对这类基金采用信托账户的方式。这一做法始于全球环境信托基金或全球环境基金,并在大规模自然灾害或迫切需要大量资金来解决紧急情况时更加适用。例如,印度尼西亚海啸、2003 年后伊拉克重建或南苏丹重建及其自决进程中紧急情况的处理,此种紧急情况均需要大量资金的积累。然而,没有一个国家愿意为人道主义而分割本国较大数额的预算,除非有负责与可信赖的治理结构,负责监督、决定与支出和付款有关的事项并向捐赠国提供详细报告。这些独特的要求,促使紧急信托基金的快速发展,这些基金虽然不涉及法人存在或多边条约,但仍以受托人签订具体信托协议为前提,由一个类似于政府间组织的复杂结构管理。

这类紧急基金的典型实例包括伊拉克国际重建基金(International Reconstruction Fund for Iraq,IRFFI)、南苏丹多信托方信托基金(Multi Deposits Trust Fund-South Sudan,MDTF-SS)以及亚齐和北苏门答腊多信托方信托基金。所有这些松散的信托基金均缺乏法律人格,致使它们无法与第三方建立具有法律约束力的关系,作为代替的方法有:(1)依赖其受托人或执行机构的法律人格;(2)(如全球环境基金)依赖由基金资产资助的多边机构。受托人与捐赠国、受益人和实施部分项目或充当采购人的各类代理人签订协议。虽然信托基金资产在法律上归入受托人法人机构资产,基金享受受托人的特权和豁免权,但是,国家与私人捐赠者作为投资人将对在信托基金管理过程中引起的债务、行为承担责任。对私益信托委托人来说,其赔偿责任将受行为发生地国家法律的管辖,就国家而言,其赔偿责任将参照国家责任法加以确定。

第七节　信托基金账户的法律人格

一般情况下,除非有绝对的必要,各国均不希望增加具有独立国际法律人格地位的机构。尽管如此,虽然并非所有信托基金享有与正式政府间组织相同的国际法律人格,事实上很多信托基金仍能够在一定程度上包含国际法律人格的职能。在第二章第三节中,讨论了作为账户设立并完全由其受托人管理的信托基金。就法律人格而言,应将账户、账户中资金与信托基金本身区别开来,理论上讲两者是不同的,但实际上并非如此,因为没有赋予信托基金实体法律人格,例如,世界银行不区分这两种信托基金,并将其管理的信托基金资产混同一起,甚至信托基金由捐赠国的独立管理机构管理时亦是如此。此类情况下,与第三方所有私人或国际公共色彩的交易,均凭借受托人的法律人格进行,而不是基金的法律人格。[1] 联合国管理的信托基金账户

〔1〕 Instrument to Establish the Multilateral Debt Relief Initiative-I Trust,国际复兴开发银行第 13588 –(05/99)MDRI(2005 年 11 月 23 日),s 1(3)(a)号决定,其中规定信托的业务和交易应通过账户进行。按照第 s IV 条,账户的设立须以国际货币基金组织的名义作出,并且账户应采用国际货币基金组织的账户形式。

也是如此,这些账户作为银行账户而设立,根据《联合国财务条例和细则》第104.4(A)条,所有银行账户应指定为联合国正式账户,账户免税权利应通知有关当局。[1]

上述分析只解释了一半问题。事实上,从捐赠国或受托人意图中可以清楚地看出,如果受托人单独设立一个信托基金,即该基金只通过一个账户运作,那么该信托基金就不具有法律人格。在这种情况下,尽管信托账户缺乏法律人格,但仍然是一个实体(entity),并可在下面三个特定语境下确立信托账户的法律地位:(1)根据受托人章程性文件,由于受其业务政策和程序约束,故被包括在受托人的名义中;(2)建立信托基金的各委托方之间的条约;(3)在捐赠国、受托人和受益人之间的信托关系中,信托基金账户代表一个法律实体,尽管实际上对于第三方来说(无论是世界银行、联合国大会还是其他机构),信托账户与受托人法人机构不可区分。这种仅出于实际目的而授予非常有限的法律人格的做法在过去一般为默示,但越来越多地被写入信托文件中了。[2]

另一种情况下,联合国机构以附属机构的形式设立一个由独立机构管理的信托基金,例如,酷刑受害者信托基金,[3]则信托账户和信托基金在法律人格方面是不同的。虽然联合国以自己的名义进行与信托账户有关的所有交易,但信托基金作为一个实体享有其授权范围内的独立法律人格。出于实际原因,这类信托治理机构的成员不从事私人或公共交易,而是代表他们所属的信托基金履行政治职能。2005年《多边投资基金管理协定》没有提及任何关于基金的法律人格,其中

---

〔1〕《联合国财务条例和细则》(2003年5月9日)。

〔2〕1997年《京都议定书》缔约方会议2008年决议(未编辑版)第11段授予适应基金董事会"履行其职能所必需的法律人格,以便符合资格的缔约方以及执行机构直接获得服务……特别是酌情订立合同协议和直接接受并受理项目、活动和方案提案的法律行为能力……"对适应基金和《京都议定书》的工作和法律业务的审查,参见第五章第八节。

〔3〕《联合国大会第36/151号决议》(1981年12月16日)。

第3条第(2)款规定美洲开发银行有义务设立账户并对其进行管理。因此,信托账户并非总是不具备法律人格,应当根据其授权和法律基础,确定是否设立了不同于受托人的管理机构。此外,还须分析授权文件中关于信托基金区别于受托人之间的具体规定。

一、信托基金签订合同的权利

本节讨论信托基金能否以自己名义与第三方订立合同并且承担责任的问题,包括签订条约或非约束性协定。人们当然地认为,缺乏法律人格的信托基金账户任何情况下均不得以自己的名义订立协议。这种情况下,受托人将代表信托账户订立合同,同时信托账户将会在合同中出现。这样一种安排下,缔约各方知晓相关合同责任仅由信托账户资产承担,而不会由受托人或者其他信托资产承担。

作为政府间国际组织的信托基金则有资格签署合同、协议。除非基金章程文件作出禁止,否则信托基金可在信托基金默示权力范围内,为实现目标而缔结条约或签订协议。

无论是明示的还是默示的缔约能力,均是影响法律人格的决定性因素。在第二章中,笔者观察到全球环境基金背后复杂的关系,1994年重组后的全球环境基金文件已经具备了条约属性。此外,重组后的全球环境基金与前身不同,不再以世界银行为基础,而是由一种与典型的政府间组织相类似的组织结构组成。全球环境基金缔约方在1994年第6次会议上认为,该基金应具有"为行使其职能和保护其利益所必需的法律行为能力,尤其是在订立合同、取得和处置动产和不动产以及为维护其利益而提起法律诉讼的行为能力"。[1]

根据全球环境基金缔约方会议第6/16号的决定,全球环境基金

---

〔1〕 UNEP, *Report of the Sixth Meeting of the Parties to the Montreal Protocol on Substances that Deplete the Ozone Layer*, UNEP Doc UNEP/OzL. Pro. 6/7, 1994, Decision VI/16, Juridical Personality Privileges and Immunities of the Multilateral Fund.

还享有履行职能所需的特权和豁免。因此,这一基金实体拥有广泛的国际法律人格。除私人合同外,全球环境基金能否与国家和政府间组织订立条约?对这一问题的简单回答是否定的,因为全球环境基金缺乏政府或国际间政府地位。然而,这并没有剥夺全球环境基金与上述受国际法管辖的实体缔结协议的可能。在全球环境基金合同行为的实践中,全球环境基金依赖其受托人、实施机构以及执行机构与国家订立的协议具有条约地位,与私人订立的协定则不具有这一地位。国际复兴开发银行作为该基金的受托人,负责签订贷款和担保协议,这也是国际复兴开发银行在评估合同手续和适用法律方面的一般做法和惯例。国际复兴开发银行和国际开发协会本身将其与国家实体的贷款和信贷协议置于国际公法之下,〔1〕在一些事项(如设立担保方面)有细微的不同。另外,欧洲投资银行将其与各国的信贷协议置于特定的国内法之下。〔2〕 全球环境基金的合同行为及实践表明,受托人和其他执行机构不仅签订赠款协定,而且签订所有的项目协定,这显然是出于成本效益考虑的结果。

如果信托基金的合同交易由其受托人进行,合同适用法律和条款一般以受托人的机构要求和内部章程为基础。个别合同的适用法律由当事人各方协商。因此,一般条款没有规定适用法律,但一般条款会规定,当事人各方应通过仲裁解决争端。国际复兴开发银行的做法

---

〔1〕 General Conditions Applicable to Loan and Guarantee Agreements (1985), s 10.01(根据协议,如国内法有不同规定,协议优先适用);General Conditions for Loans(2006 年 10 月 16 日修订), s 8.01; General Conditions Applicable to Development Credit Arrangements (1997 年 12 月 2 日修订), s 10.01. 这些一般条件与联合国的条件非常类似,构成与受援国后续各项协定的组成部分,对缔约各方具有隐含的约束力。参见 IDA-Chad Development Credit Agreement (Management of the Petroleum Economy Project), Credit No 3316 CD(2000 年 3 月 20 日)。1956 年《银行贷款条例》第 7 条也是这样规定的,其中明确在贷款合同中排除银行与借款人之间对所有或部分国内法的适用。

〔2〕 H. J. Hahn, *Agreements for the Provision of Credit and Financial Guarantees by States under Public International Law*; C. C. A. Voskuil, Z. Parac and J. A. Wade, *Credit and Guarantee Financing Transfer of Technology*, Martinus Nijhoff, 1987, p. 6.

略有不同,该行 2006 年《贷款通则》第 1.01 节强调,“若法律协议的任何条款与通则条款规定不一致,应以法律协议的条款为准”。这表明,在国际复兴开发银行与第三方法律关系中,存在章程法并不是绝对必要遵守的情况,但是在其他情况下,遵守世界银行的章程法则是交易必要条件,包括在世界银行同意设立和管理信托基金方面。

联合国法律顾问明确表示,该组织可以承担私人性质的责任,尤其是在合同、采购订单、租赁和其他协议引起的交易中。[1] 因此,选择法院和仲裁也同样是一个应由当事人各方协议解决的问题。政府间国际组织与私人实体之间订立的私人合同的准据法,一般应参照政府间组织所在地法律来确定,尤其是当私人业务在该地展开的情况下。[2] 相反,如果合同的履行是在该组织所在地以外的领土进行,特别是在规模较小且不涉及大量资源的地区,则该合同将受到提供服务国家相关法律的管辖。国际复兴开发银行和国际货币基金组织与私营实体签订的贷款协议,受贷款所在国法律、签约私人银行注册地法律或者纽约州法律管辖。就对价和承诺协议而言,有学者认为,国际复兴开发银行、欧洲复兴开发银行、亚洲开发银行等国际金融机构与私人之间订立的,以与各国私人主体订立的贷款或担保协议为前提的协议,应当视为受国际法管辖。[3] 这一假设基于贷款协议中的国际法管辖条款或基于默示权力。[4] 虽然世界银行贷款规则与贷款的一般条件排除了国内法的适用,但是只有国内法与贷款协议中条款不相冲突时才适用。因此,在国内法不以任何形式否定贷款协议规定的权

---

〔1〕 Legal Opinion of 23 February 2001, (2001) UNJYB 381, pp. 384 – 385.

〔2〕 W. Jenks, *The Proper Law of International Organisations* (Stevens & Sons 1962), p. 171.

〔3〕 欧洲复兴开发银行在与借款人的合同协议中不区分国家和非国家实体,将国际公法作为其与借款人合同的管辖法而适用。J. W. Head, *Evolution of the Governing Law for Loan Agreements of the World Bank and other Multilateral Development Banks*, 90 AJIL, 1996, p. 230.

〔4〕 C. F. Amerasinghe, *Principles of the Institutional Law of International Organisations*, Cambridge UP, 2005, pp. 388 – 389.

利和义务的情况下,双方可以同意合同特定部分受国内法管辖。

第二章中,以谅解备忘录中提出的义务和使用语言为基础讨论了谅解备忘录的潜在约束力。然而,这些情况属于例外的情形,因为信托基金的受托人或执行机构通常会缔结业务所需的所有实施协议,信托基金采用谅解备忘录的方式,更多的是出于政治目的而并非法律目的,谅解备忘录一般用来促进信托基金与私人部门、其他政府间组织与国家之间的合作。这对于信托基金来说至关重要,因为信托基金的章程文件依赖于私人部门的积极参与和公私伙伴关系的形成,例如,全球基金的情形。

二、信托基金的准司法职能

笔者已经讨论为国际司法机构服务而设立的信托基金,这一节中将重点讨论具有一定法律人格的信托基金的司法性质。

一些信托基金有权受理缔约实体和有利害关系第三方提起的申诉和上诉,并就其管辖范围内的问题发表司法声明。例如,全球信托基金通过内部上诉机制(Internal Appeal Mechanism,IAM)和颁布一套规则来管理这些上诉程序。该机制的目的是听取否决提案代表人的上诉以确定是否进行复议。尽管IAM的代表来自全球信托基金的参与组织,但它们独立行事。同样,为印度尼西亚海啸成立的MDTF基金建立了受理与腐败、欺诈和滥用恢复重建资金有关的投诉机制,并且为实现内部调查通过了相关规则。信托基金可以接受投诉,包括与信托基金不存在契约关系或者其他关系的个人投诉。全球环境基金的首席执行官还设立了一个争议解决委员会的独立职位,直接与成员方和机构合作以解决争端和处理申诉。这些内部程序并不当然地具有法定色彩。

联合国安理会设立的伊拉克赔偿基金则不具备类似的司法职

能。[1] 设立伊拉克赔偿基金,是为了促进具有司法性质的赔偿委员会的裁决生效。安理会要设立一个司法机构,也会选择一种双重模式,即账户与特别司法机构形式并存的信托基金。这里的司法机构是从信托基金协议中产生并具有识别信托资产受益人的目的。根据《美国—马绍尔群岛协定》第2条第(6)款第(c)项设立的马绍尔群岛索赔法庭,为执行《自由联合协约》第177条职责而设立马绍尔群岛核索赔基金。该法庭是一个独立的司法机关,适用马绍尔群岛的法律,包括当地传统法(习惯法)和相关国际法,如果均不适用时,则适用美国法律。事实上,该索赔法庭完全可以依赖美国的法规和判例法,基金赔偿委员会的决定涉及集团诉讼和个人受伤赔偿要求。

为履行司法职能而设立信托基金的一个例外,是根据1967年《设立欧洲内河船舶封存基金的协议》而设立的信托基金。该协议的目的是通过补偿在莱茵河和摩泽尔河内陆水道中工作的承运人,作为在特定的期间自愿撤回船只的报答,以防止在水道累积过多的运力。这一目标通过建立信托基金和设立基金法庭(欧洲封存基金法庭)得以实现,该法庭有权依据基金欧共体成员方以及瑞士(基金协议的一方)国家法院的请求,对涉及基金协议或法规的有关解释作出初步裁决。根据1967年《设立欧洲内河船舶封存基金的协议》第39条,法庭的裁决在所有欧洲共同体成员方内均具有约束力和直接适用性。欧洲法院发现,虽然欧洲共同体有权与瑞士订立这种性质的协议,这些协议属于共同运输政策的范围,但是该协议下欧洲共同体成员方将明确为共同体和机构保留的权利分配给成员方和基金的举动属于越权行为。同时,排除成员方(如爱尔兰)的做法使基金结构和决策程序不符合欧洲共同体的相关法律。[2]

---

[1] SC Res 692(1991年5月20日).

[2] See *Opinion 1/76 on Draft Agreement Establishing a European Laying-Up Fund for Inland Waterway Vessels*, 99 ILR 269, 1997, pp. 284-287.

三、信托基金的默示权力

在第二章中笔者基于信托基金设立组织机构的默示权力考察了信托基金的出现。本节中,笔者专门讨论信托基金本身的这种默示权力。

默示权力这一概念在法律文献中一般与国际组织权力相联系,此处将借助默示权力来解释信托基金具有的职权。首先,有两个重要的考量因素:(1)默示权力是信托章程明文规定之外的权力;(2)如果上述权力存在,只对受到信托章程约束的实体产生法律效力。

联合国安理会设立的信托基金无疑被视为具备重要的权力,尤其是在它们被赋予权力而非职能的情况下。联合国安理会第692号决议,在伊拉克和科威特冲突结束之后设立了一个赔偿委员会和一个赔偿基金,该基金通过出售伊拉克石油特许权来进行增资。这两个实体均在同一个管理委员会的指导下被授予非常大的自由空间,它们可以决定:“对伊拉克的捐赠要求,将按照管委会对于所有的石油和石油制品的规定的方式适用……[进一步要求]所有的国家和国际组织均要配合管委会的决定。”

从决议的措辞来看,赔偿基金和赔偿委员会是同一领导下的两个不同实体,尽管上述对决议的摘录是关于对委员会的授权,但也同样涉及信托基金,原因在于该授权是针对管理委员会而不是理事会提出的。管理委员会随后作出一个决定,该决定在伊拉克收入和石油销售、对基金和托管账户的支付方式方面进行了义务性规定,要求邻国对于伊拉克货运量和货值提供海关文件,并对私人实体也作出相同的要求。[1] 管理委员会进一步要求,安全理事会对伊拉克运输途中的

---

〔1〕 *UNCC Decision regarding Arrangements for Ensuring Payments to the Compensation Fund*, UN Doc S/AC. 26/1991/6, 1991, pp. 2 – 3.

石油出口、信托基金和托管账户作出相应的防控措施。[1] 这些措施本身没有规定在第692号决议中，但显然对于履行管委会要求和基金的职能均至关重要。[2]

其他根据安全理事会决议设立的信托基金仅被授予很小的一部分权力，并且这些决议内容的措辞将默示权力（如有）进行了严格限制。[3] 默示权力也存在于联合国主要机构设立的信托基金中，例如，联合国大会通过大会决议设立的资助联合国安哥拉核查团的信托基金。[4] 该信托基金中，受托人被授权采取一切必要的措施确保检查团的效率性和经济性。鉴于联合国大会决议对于联合国系统内的预算事项具有约束力，这种基于前述授权的默示财政权力的行使至关重要，即便权力行使的范围有限。同样地，管理信托基金或者信托账户的国际金融机构可以将一系列默示权力委托给上述信托的内部管理人。国际货币基金组织关于技术援助活动框架管理账户（框架账户）的文件在第八节中写道："经批准，（信托账户）常务董事被授权：(i)在他认为有必要进行框架账户的操作时有权作出所有安排，包括以基金的名义建立账户；(ii)采取他认为有必要的其他一切措施来执行此项文件的各项规定。"鉴于参与国必须批准文件中规定的安排才有义务捐赠或申请赠款，因此，该账户拥有巨大的权力。

本节中考察的文件产生了默示权力，从而对相关联国家、国际组织和私人实体产生了法律影响。默示权力也可能包括不产生法律效力的权限，例如，劝说潜在委托人委托的自由等。

---

〔1〕 *UNCC Decision regarding Arrangements for Ensuring Payments to the Compensation Fund*, UN Doc S/AC. 26/1991/6, 1991, pp. 3 - 4.

〔2〕 *UNCC Decision on Guiding Principles regarding Priority of Payment and Payment Mechanism*, UN Doc S/AC. 26/Dec 17, 1994; *UNCC Decision on Provisional Rules for Claims Procedures*, UN Doc S/AC/Jun. 26, 1992.

〔3〕 参见 SC Res 1177（1998年6月26日）设立关于厄立特里亚和埃塞俄比亚勘界和划界的联合国信托基金有效条款第8段。

〔4〕 《联合国大会第43/231号决议》（1989年2月16日）。

四、基金的执法权与集团诉讼

下面两节将研究两种不同但又内在相互关联的机制。第一种机制涉及受托人和信托执行机构对违约方强制执行的能力,第二种机制则讨论是否存在针对信托或受托人的集团诉讼,从而确保信托或受托人履行了对融资项目利益相关者的广泛义务。关于第一个问题,我们将清楚地看到,如果依据参与信托基金自愿的特性,行使政府间国际组织针对违约国的强制力会存在问题;尽管如此,一些趋同趋势还是愈发明显。关于世界银行对其广泛利益相关者的责任,我们重点关注在世界银行监察组采取行动之前,对作为受托人的世界银行提起集团诉讼的可能性。

(一)受托人和信托执行机构的执行权

在国际法与国内法上,平等伙伴之间的协定一般不会规定具体的执行规则,因为这意味着需要任命一个权威机构来评估违规行为(这几乎是不划算的),而且从一开始就导致双方产生一种不信任感。因此,在大多数情况下,解决违反国际法协定条款问题的首选方法是引入一个争端解决机制。鉴于所有协议均会模式化地纳入该机制,因此,双方之间不会产生矛盾,也不需要任命监督机构。当然,国际社会的多边条约中为不遵守和不服从的国家设立了执行机制。一个很好的例子就是联合国安全理事会通过其决议的强制性和职权来行使执行权,以保障成员方的行为合规。安理会可以采取与国际组织一般执行权不同的措施,例如,对实施侵略行为的国家采取强制措施。其他国际组织会采取其他的措施,例如,开除拖欠会费或者不履行合同义务的会员,尽管这种情况很少见。[1] 同样地,一个成员方会发现自己

---

〔1〕 参见 K. Magliveras, *Exclusion from Participation in International Organisations: The Law and Practice behind Member States' Expulsion and Suspension of Membership*, Springer, 1999。

在行使某些凭会员身份而享有的特定权利时被排除在外。[1]

关于国际信托基金,参与者的捐赠国身份必然会限制这种强制执行机制的实施。这种机制的存在,可能会被潜在的捐赠国视为一种合同承诺(他们认为并不可取),这些承诺本质上并无约束力;同时,这种机制还被视为对承诺的强制执行,以取代完全自愿的行为。即使与受托人签订有约束力的协议,将针对捐赠国未能实际履行的强制执行力纳入协议也没有任何实际意义,因为对于捐赠国来说,最差的结果不过是被禁止提供其他未来的捐赠。信托基金的捐赠国只在捐赠数额内承担责任,进一步导致申请强制执行判决的诉讼失去意义。因此,为了强制执行权的行使能够产生实际效果,必须对不对称的法律关系进行规制,或者对平等伙伴之间在某些情形下的法律关系进行调整,例如,在没有造成经济上或者其他方面后果的前提下将某个成员方驱逐或者排除在外。因此,尽管信托协议条款中没有基于国际组织法基本原则的明确规定,驱逐成员的做法也是可能的,尽管这在实践中并不常见。[2] 驱逐或者限制当事人权利的法律发挥作用,必须是违约方造成根本违约,且违约方对履行协议要求不予理睬。强制执行决定本身必须由基金执行机构一致通过或者由基金成员2/3以上多数通过。

信托文件一般不会规定信托执行机构对成员具有强制执行权。例外的情形是,《原型碳基金协定》第9条第(2)款第(a)项规定,经基金成员方2/3以上多数投票通过,受托人可以开除不合格成员方。如果信托协定或者职权范围中没有强制执行机制,我们会对该机制的正当性产生疑义。在世界银行作为受托人的情况下,除通过单边协议终止信托基金的情况外(仅在信托协议有所规定的情况下适用),世界银行不能仅根据自己的《国际复兴开发银行协定》,尤其是《国际复兴开

---

〔1〕 因此,《国际货币基金组织协定(第三修正案)》规定,不履行本协定规定的义务的成员方将会被中止投票权和其他权利。

〔2〕 对于政府间组织信托基金,中止成员资格被视为是最后手段,例如,在《建立商品共同基金协定》第31条规定了中止成员方资格的可能性。

发银行协定》第 5 条第(2)款将某一捐赠国排除在外,因为《国际复兴开发银行协定》只规定了成员方之间的权利义务,并不受协议之外的法律效力影响。这不同于要求信托基金的业务必须遵守世界银行有关业务政策和《国际复兴开发银行协定》,而这只涉及遵守信托基金的规则问题。世界银行的强制执行力与其程序规范相关,而信托基金的成员不会接受这些程序规范。国际货币基金组织根据《国际复兴开发银行协定》第 4 条第(3)款第(b)项规定,享有的监督权适用于基于基金执行董事会设立的基金。根据《国际复兴开发银行协定》第 4 条第(1)款的规定,借款国必须为金融和经济稳定提供条件,并保障外汇安排有序进行,促进汇率体系稳定健全。这些信托基金的首要目标是通过消除贫困、解决欠发达以及平衡进出口和汇率等问题来实现经济稳定和增长。因此,国际货币基金组织监管权就延伸到信托基金借款人的资金运营。《国际复兴开发银行协定》第 4 条第(3)款第(b)项规定,基金具备如下权利:"货币基金组织应该对成员方的汇率进行严格监管,颁布特定的原则来指导成员方的相关政策。"

近几十年来,国际货币基金组织的监管权实际上已由对成员方汇率监管扩大到对金融稳定和其他金融业政策的监管。[1] 由于国际货币基金组织设立或管理的信托基金并不具备契约性质,因而国际货币基金组织的监管权适用所有利用信托基金的国家。如果上述信托基金具备契约性质,则国际货币基金组织不具有监管权。

尽管未能支付应付欠款或者捐款会损失在国际货币基金组织的投票权,但是仍然要由行使基金决策权的机关予以确认。受托人可以自由行使其固有的信托权利,唯有如此,才能强制受益人在与信托签订拨款协议后履行义务。在信托协议的约定下,某些权力是默示的,

〔1〕 国际货币基金组织执行委员会于 1977 年 4 月 29 日颁布的第 5392 -(77/63)号《关于汇率监管政策的决议》中对监管原则进一步细化。参见 R. M. Lastra, *Legal Foundations of International Monetary Stability*, Oxford University Press, 2006, p. 399。

例如,取消签订未来捐赠协议的资格、终止捐赠,特别是在分期付款的情况下。不仅如此,信托的授权也要求受托人有合同以外的权力。这些默示权力的法律基础,来自信托结构和受托人的信托职责。如果这些权力对受托人行使权力是必要的,同时与信托协议本身并不冲突,将这些权力定义为默示权力则是合理的。如果联合国安理会建立一个基金作为分支机构,且这个基金被授予的是权力而非职能的话,该基金能够以同样方式行使所授予的权力,并要求联合国成员方遵守。在这种情况下,安理会的强制执行权将被授予信托机构,而信托基金的受托人和管理机构均可以行使。

(二)对作为受托人的世界银行提起集团诉讼

任何一个实体作为受托人加入世界银行集团(多数情况下是国际复兴开发银行和国际开发协会),或者参与国际法体系下信托基金运营,世界银行的监察组就有权管辖。这种管辖权在有关决议中的表述并不明显,主要是由于决议并未提及信托。[1] 监察组设立的决议第12段写道:

监察组将接受某个受影响特定一方提出的调查要求,这个特定方可以是借款人所在地非个体(如自然人组成的社团,包括组织、协会、学会或者其他个人群体),也可以是特定方当地代表或其他代表……受影响的特定方必须证明,在世界银行没有遵守其所资助项目设计、评估和执行相关规定且直接产生或有可能产生重大不利影响时(包括当世界银行宣称自己没有在政策上和程序上对借款人的贷款协议下的义务做后续跟进情况),其权利或利益已经或可能受到其作为或不作为的直接影响。鉴于执行董事在执行世界银行的政策和程序方面负有机构责任,执行董事在这些政策和程序被严重违反的特殊情况

〔1〕 IBRD Res 93 -10 和 IDA Res 93 -6(1993 年 9 月 22 日)。

下,可以要求监察组进行调查……[1]

监察组的管辖权可能因为一个受影响群体的申请而启动,只要该群体完全符合信托基金下的受益人类型(可通过级别或者类别进行划分)。该群体不一定是基金的直接受益人,可能只是受到信托运营影响的群体。启动监察组管辖权的主要障碍是,在每一个案件中必须证明信托基金是由世界银行出资。由于相关规定并不要求世界银行对每一个项目均要全额出资,因此部分出资或联合出资也足以启动监察组的管辖权。在本书中,我们将清晰地看到,世界银行大多为其自身担任受托人的信托基金项目提供融资,例如,乍得·喀麦隆管道基金项目和为该项目的运作设立的基金。同样的例子还包括伊拉克国际重建基金。因此,可以认为,对世界银行作为受托人的信托基金的运作,即使世界银行只是部分出资,也会因为满足项目由银行进行出资的条件,从而导致监察组行使职权。目前不确定的是,仅履行受托人的职能,没有额外的任何形式的出资,能不能使受影响群体获得申诉权,从而向监察组提出申诉。依据监察组的规定,监察组能够受理与项目贷款和发展政策贷款相关的申诉,[2]但是这些与纯粹是管理性质的受托人职能大不相同。

从第12段的字面意思来看,前述指的是银行借款人未能履行贷款协议义务。支付(或赠与)协议并非贷款协议。如果信托基金签订了贷款协议,而世界银行没有任何出资,信托基金将落入监察组的管

---

〔1〕 *Review of the Resolution Establishing the Inspection Panel and Clarification of Certain Aspects of the Resolution*, World Bank (August 4, 2020), http://siteresources.worldbank.org/EXTINSPECTIONPANEL/Resources/1996ReviewResolution.pdf. 在1993年决议中,"项目"一词被发现具有"和世界银行实践中项目相同的含义,也和世界银行管理层审议下的项目、执行董事批准的项目含义相同"。

〔2〕 关于发展政策借款(最先以结构型调整运营而为大家熟知),参见 *Bangladesh Jute Sector Adjustment Credit* 案,Panel Report and Recommendation(1997年3月14日),第9段;*Papua New Guinea Governance Promotion Adjustment Loan* 案,Inspection Panel and Recommendation(2002年1月1日)。

辖范围。对第12段的字面进行解释,并不支持仅凭受托人职责本身就可以启动监察组管辖的论断。鉴于受托人在信托基金中拥有的重大决策权政治方面比财务方面更意义重大,监察组拒绝这些请求就显得不够公平。在这种情况下,这种主张的道德论证(包括作为论证基础的正义观念)比一般论证更能使人信服。

世界银行的受托人与捐赠国之间订立的协议规定需遵守运营政策,因而对政策的遵守成为信托和捐赠国协议中的必要组成部分。然而,申请人可能会认为,世界银行作为受托人,没有遵守信托的职权范围,或者没有遵守与捐赠国及受益人(通过拨款协议)达成的合同承诺,尽管符合组织政策的规定。由于不在第12段的涵盖范围内,监察组不能行使管辖权。在这些情形下,受影响的群体只能基于它们与世界银行签订的拨款协议寻求民事救济,而不能作为在捐赠国和受托人之间协议的第三方。最好的结果是,受影响的社团能够在监察组介入之前,要求执行董事会作出决议,确认项目终止或者要求借款人遵从世界银行的政策和程序规定并完成项目。

第八节 免　　税

尽管信托基金的法律人格类型各不相同,但无论是完全的国际组织形式还是以国内法为基础设立的形式,这些信托基金似乎都存在一种潜在的特权——免税,特别是利润和雇员收入免税,有时增值税等也能得到免除。免税现象与国际法领域授予豁免权并不相关,但与合同条款中有明文规定相关。因此,免税不是一种只要国际成员通过注册成立、具备法律人格或者通过签订双边或者多边协议就能自动获得的权利。尽管,为政府间国际组织提供税收优惠可能是一种吸引投资的普遍做法,但是,该优惠本身并不必然构成一种惯有权利,也并不是所有其他实体当然享受的权利。就国际组织而言,提供这些税收优惠主要是为了吸引他们去税收优惠国开展活动。因此,信托基金作为现有政府间组织(例如,联合国或者世界银行)的分支机构或者管理的信托账户,也会享受其母体组织的税收优惠,但是,对政府间国际组织或者基金的私人捐赠则不享受税收优惠,原因在于该部分税收政策一般受到东道国的慈善机构法管辖。[1] 尽管《联合国宪章》第105条使用了宽泛的语言去描述组织的职能特权,却未提到免税。1946年《联合国特权和豁免公约》第2条第7节作出了进一步解释,[2]其中提到联合国的资产、收入和其他财产应当:

(1)免除一切直接税;但专门机构对于事实上纯为公用事业服务费用的税捐,不得要求免除;

(2)专门机构为供其公务用途运入或运出的物品,免除关税和进出口的禁止或限制;但该项免税进口的物品非依照与物品进口国政府商定的条件,不得在该国出售;

(3)其出版物免除关税以及进出口的禁止和限制。

其他的政府间组织以及国际复兴开发银行和其他类似机构也是如此。[3] 因此,即使信托基金本身没有独立的法律人格,信托基金和信托基金下的信托账户也将会根据受托人协定而享受免税。

免税特权是否适用于与受益人签订的拨款协议则完全是另外一

---

〔1〕 美国法律规定,如果没有与联合国的特别约定,不允许国际组织接受免税的私人捐款,除非通过一家在美国注册的私人慈善机构。因此,实践中成立了许多这样的私人机构以实现这一目的。参见 *UN Legal Counsel Opinion on a Legal Framework for the UNDP's Use of Donations from Non-Governmental Sources*, UNJY, 1996, pp. 463 – 464;参见 *UN Legal Counsel Legal Opinion on the Use of the United Nations Name and Emblem*, UNJYB, 1997, pp. 426 – 427。其中重点关注了以美国法为依据并以UN50信托基金提供私人捐款的免税通道为目的的特殊基金的创设。

〔2〕 1 UNTS 15.

〔3〕 参见《国际复兴开发银行协定》第7条第(9)款第(a)项;《国际货币基金组织协定》第9条第(9)款第(a)项;《欧洲复兴开发银行协定》第53条。

回事。最恰当的回答应该是不适用，因为相关条约仅针对政府间组织的资产、收入和财产免税，并且这些资产、收入和财产应当被用于政府间组织或者处于政府间组织的控制下。当国际组织的财产通过拨款协议转移给第三国的私人受益人时，由于不再属于国际组织的财产，则应当征税。[1] 国际复兴开发银行的协议中很好地反映了这一点，该协议的标准拨款条款是根据多个基金相关条款拟定的，其中提道：

(1)任何提取的贷款资金不得用于缴付借款人或担保人对货物或服务课征的或在其领土内课征的任何税收，或对货物或服务的进口、制造、采购或供应而课征的税收。为此，如果对由贷款资金支付的任何类目所征收的或有关的任何税收金额减少或增加时，为了与银行的政策保持一致，银行可以在向借款人发出通知后增加或减少贷款协定中就此类目的规定或提到的提款百分比。

(2)如无此种具体规定，贷款资金用以支付税款时，仍然要遵守世界银行信贷资金使用的经济性和高效性政策。为此，如果世界银行认为某一税负数额过多，或者这样的税负是歧视性的、不合理的，为了与银行政策保持一致，银行可以在向借款人发出通知后增加或减少贷款协定中就此类目规定或提到的提款百分比。[2]

很明显，国际复兴开发银行认为，受援国有可能对其贷款进行征税，因为这是国家权限范围内的事，除非信托基金管理者和相关国家签订了相关合同，但这并非普遍情形。

---

[1] 国家间的双边或者多边援助协议也是这样，收款人必须同意对捐款不征收任何的税收和费用，尽管这不符合一般法律和实践中的默许理解。参见 US-Pakistan，1981 Grant Agreement Concerning Assistance in the Transport of Relief Commodities to Afghan Refugee Camps in Pakistan，第6条第(1)款，1543 UNTS 80。

[2] 2006年7月20日通过，s 3. 07，载世界银行官网2020年8月4日，http://siteresources. worldbank. org/INTLAWJUSTICE/Resources/STDGC-English-06. pdf。

尽管信托基金没有政府间组织的地位,但如果信托基金拥有法律人格,免税则可以通过与东道国的特殊协议或者特别立法文件作出规定。例如,对于全球基金,瑞士联邦政府基于其各自的《总部协定》作出了广泛的免税安排。基于上述协议,基金的资产、收入和财产免除所有直接的联邦、州和公共税收。同样地,全球基金也免除了所有间接税,尤其是免除了用于官方用途的购买商品和服务的增值税。[1]此外,非瑞士国籍的雇员还能免除所有工资、薪水和津贴税,如果基金作出了内部税收规定,这样的免税政策同样也适用于瑞士籍雇员。[2]德国的反大屠杀基金也通过立法提出限制性的免税,但事实上也具有国际属性。[3] 其中,指定的委托人和第三方作出的捐赠将被免除遗产税和赠与税,直接由基金付给受益人。[4]

根据双边协议成立的马绍尔群岛核索赔基金,存放基金的信托在美国法和马绍尔群岛共和国的法律下均被视为一个慈善信托。这是一个特殊的组织,在这个组织中,两个主权国家均将信托基金的部分交给一个私人机构管理。这并不意味着,该索赔基金不受国际法的约束。相反,因为受托人是一个私人实体,而不是享有税收优惠的国际金融机构,当受托管理基金的资产之后,非常需要拥有这种免税权利。在第三国能够享受免税优惠的程度并不取决于相关的双边税收条约。

---

〔1〕《总部协定》第7条第(1)款至第(2)款。

〔2〕《总部协定》第14条第(2)款。根据第3段,非瑞士籍人员也免除了“严格用于个人使用情况下,用于购买产品或服务所产生的增值税”。在 *CERN Official Taxation* 案中,日内瓦行政法庭裁定,根据1955年6月11日欧洲核子研究中心与瑞士签订的《总部协定》第17条的规定,非瑞士籍的工作人员只能够享受收入上的税收免除,其他的公共花费并不免除。因此,他们不能够享受住房附加税豁免。法庭进一步认为,即使鉴于职能利益,《总部协定》授予欧洲核子研究中心的工作人员更加广泛的财政税收豁免权,法庭也有责任禁止这种豁免,因为豁免的目的并不是逃避住房补贴中的附加税。

〔3〕Law on the Creation of a Foundation “Remembrance, Responsibility and Future”, Federal Law Gazette I 1263(2000年8月2日), Federal Law Gazette I 3343(2006年12月21日修正)。

〔4〕同上,分别参见 ss 3(4)和11(4)。

拥有国内法人资格的实体，无论设立在一个国家还是多个国家，均可能不享受免税，因为这会破坏国内法下平等的宪法原则。不是国际组织的信托基金如果获得免税，需在很大程度上承认其具备一定的国际法律人格。

第九节　责　　任

责任的概念和一个实体与合同方、第三方的关系有关，这种关系中的合同方或第三方可能受到由该实体作为或者不作为引起的非法行为或债务的影响。在国际法中，责任的归属与具有国际法律人格的行动人的活动相关，如国家和国际组织。国际习惯法表明，尽管存在损失不是国家或者国际组织承担责任的必要构成要件，但是，非法行为是必要构成要件，特别是由上述实体的分支机构或者代理人造成的非法行为。[1] 拥有完全国际法律人格的实体享有豁免权，但也没有必要在国际非法行为发生时或者需承担债务时撇清责任。关于国际组织责任的一般基本原则是，如果责任由法人造成，则起初成立组织的成员不承担责任。这一原则在国际锡理事会（Tin Council）诉讼案例中明显得到体现。国际锡理事会是一个在伦敦拥有总部的国际组织，该组织在濒临破产、处于清算过程中时，面临着众多私人债仅人所提起的诉讼。债权人要求国际锡理事会的成员方赔偿债务。英国上议院认为，理事会拥有与其成员方完全不同的法律人格，因而理事会所承担的合同义务并不当然导致其成员方的责任承担，这些成员方不应被视为国际锡理事会所从事交易的缔约方。国际锡理事会的成员

---

〔1〕 B. Graefrath, *Responsibility and Damages Caused: Relationship between Responsibility and Damages*, 185 RCADI, 1944, p. 34; *ILC Commentary on Articles on State Responsibility*, YB ILC, 2001, p. 56.

方不因理事会行为招致的债务承担责任。[1]

对于拥有完全国际法律人格的信托基金而言,这项原则有时在信托章程文件中被强调。《建立商品共同基金协定》第6条规定,"成员方不应因自己的成员身份而对基金行为和职责承担责任"。这并非完全而只是部分免除责任的声明,体现了次级成员方责任理论。根据该理论,受损害方应当首先对组织的法人实体提出要求,只有在组织本身未能提供适当救济的前提条件下,才能够向成员方提出要求。[2]这一观点也曾在国际锡理事会案中被上议院议员基于公平和实质正义理念而提出。[3]《建立商品共同基金协定》第6条表明,成员方应对自身非法行为或者或导致的基金负债而承担责任。[4]成员方未做出非法行为时,是否应当为基金的债务和其他责任承担补充责任仍有讨论的空间。在特定的情形下答案应当是否定的,因为成员方没有过错且承担责任是以会员身份为基础,这在《建立商品共同基金协定》第6条中同样被否定了。在"国际锡理事会案"和"韦斯特兰直升机案"[5]中,英国上议院和瑞士联邦最高法院均不认为一个组织的成员方应当对国际法人的债务和责任负有责任。[6]

在国内法背景下,一个国际组织的信托基金与一个私人主体之间

---

〔1〕 参见 J. H. Rayner (Mincing Lane) Ltd v. Department of Trade and Industry an Others; MacLaine Watson & Co Ltd v. Department of Trade and Industry; MacLaine Watson & Co Ltd v. International Tin Council。这些将被称作 International Tin Council 案例。

〔2〕 M. Hirsch, *The Responsibility of International Organisations Towards Third Parties: Some Basic Principles*, Dordrecht, 1995, p. 155.

〔3〕 参见 HL Tin Council。

〔4〕 根据《建立商品共同基金协定》第32条第(1)款的规定,成员方如果未能付款或者未能履行其他金融义务,就应当对基金承担责任。因此,存在此种可能性,当建立商品共同基金对第三方产生负债时,尽管不是十分清楚,但是可以合理假定第三方能够有针对建立商品共同基金违约成员方的合理起诉理由。但这也存在一定限制,在每一个案件中,第三方均必须证明存在可直接归咎于个别成员方的非法行为。

〔5〕 参见 Westland Helicopters Ltd v. Arab Organisation for Industrialisation (AOI), 80 ILR 600。

〔6〕 参见 AOI and Others v. Westland Helicopters Ltd, 80 ILR 652。

的合同义务受到私法的管辖,而国际法管辖下的信托基金对管辖权享有豁免或者信托成员方承担独立责任的情况除外。因此,免除信托基金成员方责任的章程条约,可以适用于信托与私人主体之间的合同义务,条约限制信托责任的条款(信托法人单独责任)将根据交易所在地或者国际组织总部所在地的国内法进行评估。值得怀疑的是,是否存在愿意免除国际组织所有私人债务的司法管辖权。

如果基金是准国际组织,情况就会变得有所不同,如全球基金。尽管瑞士政府通过《总部协定》授予全球基金国际法律人格,但《总部协定》第5条排除了司法程序豁免权,尤其是"与基金提起的主要诉讼直接相关的反诉"、全球基金与瑞士政府之间的仲裁裁决以及"合同纠纷以及全球基金作为当事人之一的私法性质的争议"。此外,民法专家提出了一个独立的法律观点,那就是《瑞士民法典》下的基金角色是基金会的话,它就应当像其他瑞士私人基金会一样,对第三方承担责任,[1]尽管在商业登记簿上登记有可能进入破产程序(成为可能破产的责任承担主体)。此外,根据《瑞士民法典》的规定,"(基金)成员可能因侵权承担个人责任,如果该成员因故意或者过失违反法律规定或者侵害第三人权利,并因此造成了损失"[2],这一条款是针对自然人而非全球基金的成员方。鉴于全球基金并不是一个国际组织,因此其成员方不能隐于法人的名义之下,成员方的非法行为或者债务均将使其承担责任,还可能令基金也承担民事责任。我们已经解释过,由全球基金受托人国际复兴开发银行所管理的信托资金与资产不能进入私法程序,因为在与国际复兴开发银行的受托协议中,资产所有权已经转移至世界银行。此外,在瑞士之外的国家,根据当地国家的法律,全球基金可以作为一个单独法律实体或通过其成员方、雇员进入民事诉讼程序中,《总部协定》或其他协议另有规定的除外。

---

〔1〕 参见《瑞士民法典》第55、80条。

〔2〕 参见《瑞士义务法》第55条和第41条。

作为有限国际组织，信托基金的责任受其章程、《总部协定》以及一般国际法的约束。1992 年《设立国际油污损害赔偿基金国际公约》没有提及基金作为一个所谓的"国际组织"的责任，[1] 只是提到基金仅有以自己的名义补偿因成员方石油泄漏而受害者的义务，但不以其本身的资产补偿。[2] 唯一有关责任的条款是基金和英国签订的《总部协定》第 5 条和第 23 条第(a)款，根据国际习惯法，这两条均没有免除基金在合同义务和民事过错行为上的责任。《总部协定》可以大大限制或者扩大信托责任的范围。[3] 基于信托基金的豁免权，信托资产不能因针对其法人的私人诉讼被扣押或者查封。

以国际组织机关的默示权力设立的信托账户和信托基金，因为缺乏独立的法人资格，故不能承担国际法和国内法下的法律责任。在会计上，这些信托账户和信托基金区别于受托人或者管理机构的账户。受托人或者管理机构自身形成的债务归入这些管理机构的一般债务，除非是受托人以信托基金名义行事而造成的债务和责任。实践中，受托人一般以信托账户的名义订立合同，所产生的所有债务均将记入该账户的借方，直至信托资产耗尽为止。

受托人将对委托人和信托负责，完成被委托的任务。适用于评价上述责任的法律很少在信托协议和捐赠国协议中被定义，鉴于大多数

---

〔1〕 Cmnd 2658.

〔2〕 1992 年《设立国际油污损害赔偿基金国际公约》第 7 条第(1)款。

〔3〕 参见 United States Lines Inc v. WHO，107 ILR(1993)182。一家私营公司在马尼拉就一项合同承诺起诉了世卫组织。马尼拉中级上诉法院裁定，如果没有弃权，世卫组织在菲律宾享受绝对的豁免权，而世卫组织代表出席也只是为了维护其豁免权。同样地，世卫组织的豁免权规定于 1951 年世界卫生组织与菲律宾达成的《总部协定》和 1947 年的《联合国专门机构特权和豁免公约》。在 *Mukoro v. EBRD* 案中，原告以种族歧视为由起诉欧洲复兴开发银行。1990 年《设立欧洲复兴开发银行的巴黎协定》中，授予其雇员和官员豁免权，但没有授予欧洲开发银行法人豁免权。根据理事会 1991 年颁布的一项命令，欧洲复兴开发银行对其在官方活动范围内的行为享有豁免。伦敦上诉法庭认为，官方活动包括欧洲复兴开发银行的行政活动。1991 年，欧洲复兴开发银行与英国达成《总部协定》，授予欧洲复兴开发银行一般豁免权。这一结果得到了法庭的证实，法庭认为欧洲复兴开发银行选择雇员的行为属于规定的行政活动范围。

协议的条约性质,可以合理地假定,责任程序将受国际法律的调整。如果信托基金或者其捐赠国不是国家或者国际组织的话,规制责任所适用的法律一般为受托人所在地的法律。受托人始终设法在有关协议中加入标准化的责任限制条款,但是视受托财产的数额而定,这类条款并不总是能被委托人或者捐赠国所接受。在世界银行的案例中,世界银行参照其有关业务手册的规定,它不能违反或者规避本身的机构规定。[1] 国际金融机构作为受托人采用的是"(对其本身事务)同样的注意义务"标准,[2]但有时候它们必须适用更加广泛的语言来限制其潜在责任。德国重建信贷银行(Kreditanstalt fur Wiederaufbau)和国际复兴开发银行或国际开发协会之间关于《德国咨询信托基金协议》的第9条规定,银行"不承担捐赠国的任何义务或者责任,包括但不限于信托法一般原则下受托人的责任或者义务"。[3] 由于该协议包含设立信托机构,因此,银行放弃受托人的义务与其合同承诺并不相符。

不仅受托人可以通过协议来免除自己可能的责任,捐赠国同样也可以这样做。这点十分重要,特别是由于信托账户不具有独立的法律人格,因此其资产的任何责任均需在捐赠国和受托人之间的协议中作出规定。《丹麦/国际复兴开发银行亚洲会议—欧盟亚洲金融危机应对基金法》第8条第(2)款规定:

除非未履行本协议中规定的义务,否则在任何情况下,在本协议履行期间对银行或第三方造成的损害,捐赠国均不承担任何责任。不

---

[1] 参见《信托基金运营手册》(1997年1月),s 8(a),提道"银行在依据协议行使职权的过程中必须同管理自身事务一样谨慎,并对捐赠国没有其他责任"。参见《运营政策》(1997年1月)s 9。

[2] 参见《美洲开发银行第CC-6146号文件》(2007年2月26日);《美洲开发银行反腐败基金设立示范协定》第4.5.3章节和第3条第(6)款。

[3] TF 050666(2002年6月30日).

得针对任何此类损失向捐赠国提出任何索赔或恢复原状要求。[1]

最后,信托基金的目的实现依托于若干机构,这些机构均具有国际法律人格,有关各方可以明确声明,任一方均非他方代理人来限制其责任,各方对各自的行为负责。[2]

一、捐赠国的责任

设立信托基金不是直接捐赠的主要原因之一,是捐赠国意图限制由向全球发展或其他项目提供财政援助的责任。确实,对于双边援助协议,捐赠国可以通过在其中引入适当的条款来限制其责任范围,但这并不意味着捐赠国在强制性规范中有关国家责任的相关规则适用时不承担任何责任。例如,如果一个捐赠国要在发展中国家建立一个发电厂,发现该发电厂有缺陷(假设捐赠国从一开始就知道这一点且隐瞒受援国)并污染了该国及其邻国的水道,双边协议中的责任限制条款不会使捐赠国免于承担责任。这种赔偿责任属于契约外责任,不仅可以由"被援助"的目标国主张,也可以由因相关损害而遭受持续伤害的其他国家主张,尽管根据国家责任规则,受害国不需要提供损害证据以使捐赠国承担责任。当然有趣的是,作为政府间信托基金捐赠国,提供援助的发达国家之间的假定是,由于捐赠协议中存在明示或暗示的限制条款,它们不会对信托基金的运作承担任何责任。这一假定必须以特殊理解为前提,即政府间信托模式将捐赠国排除在所有责任之外,其方式类似于将成员方排除在国际组织的责任之外。尽管如此,这一假设在实践中从未经过检验,也没有充分的理由将信托捐赠国的责任与国际组织成员方的责任相提并论。得出这一结论的主要

---

〔1〕 TF 020147(1998 年 11 月 10 日).

〔2〕《参与联合国组织—联合国驻地协调员和开发计划署之间关于坦桑尼亚联合国统一基金运作业务方面的谅解备忘录》(2007 年 10 月 25 日)第 1 条第(4)款以及第 4 条第(4)款。

原因是,国际组织享有与其成员不同的独立的国际法律人格,而绝大多数的政府间信托基金则没有。

信托基金的资产归入联合国或世界银行法人的这一事实只能保护这些资产本身,但并不意味着受托人的独立法律人格也会使捐赠国免于承担责任。当然,假设国际习惯法规则得以确立且在广泛同意的基础上消除了捐赠国对政府间信托基金的所有后续责任,由于后法优于前法,这将否定我们提出的上述结论。笔者认为,免除捐赠国责任的习惯法规则的确立,不同于排除捐赠国的所有责任。简单地说,只要捐赠国的财政捐赠并非故意为非法目的而提供,且它与受托人或任何执行机构的协议也不会导致非法行为,[1]那么信托协议中明示或暗示的限制条款将可以保护捐赠国。在任何情况下均可以合理地认为,受益人通过与受托人签订许可协议的方式,接受了信托协议中的责任限制条款,无论该协议是以条约还是以谅解备忘录的形式呈现。

在某些情况下,捐赠国永远不能声称免于信托产生的责任。笔者将提及两种情形,但可能还有更多的情形。第一种情形是,捐赠国不仅向受托人存入其资金援助,还通过参与基金决策机构积极参与信托的运作。在有关信托不是政府间组织的情况下,捐赠国参与信托机构的执行机构可能产生潜在的责任,这种责任不仅从信托资产中产生,而且可能从捐赠国的资产中产生。如果捐赠国对没有国际法律人格的基金拥有管理权力,却故意或以明显不合法行为拒绝承担任何责任,将违背正义的观念,这会构成对信托工具的严重滥用。新出现的

---

〔1〕 如果捐赠国是因为相信其所承诺的资金或所资助的项目只使捐赠国本国受益,而将资源通过信托注入一个发展中国家,则该捐赠国在道德上将是令人厌恶的。这种可能性也会出现在只有利于捐赠国公司的排放量交易项目或与捐赠国合同方有关的指定用途捐款方面。作者的论点是,在这种情况下,尽管有关行为本身并非违法,但捐助国应该继续承担因滥用信托工具而产生的责任。从理论上讲,如果其违反了:(1)信托在其创始文件或捐赠协议下的特定条款;(2)政府间信托法的一般原则;(3)建立信托工具的公约,那么滥用信托工具可被视为非法行为。因此,就贸易排放项目而言,这将意味着违反1997年《联合国气候变化框架公约京都议定书》的规定。

信托基金习惯国际法,完全不允许对国家责任作出这种例外规定。引起捐赠国国家责任的第二种情形,不同于信托实体的唯一责任,涉及捐赠国捐款对第三方造成损害的情况。我们已经从捐助资金的支出方面举例说明(例如,故意建造有故障的发电厂)。

然而同样地,捐赠国几乎没有理由仅仅是为信托提供资金,而对信托的功能和运作毫不关心,也没有理由在明知信托运作可能会滋生腐败、专制统治、扭曲地区竞争或直接伤害邻国的情况下为其提供资金。鉴于捐赠行为与实施非法行为直接相关,在这些案件中排除捐赠国责任可能的法律依据是什么?捐赠国提出的唯一辩解理由就是政府间信托模式本身,[1]但这正是问题的基础,如果没有令人信服的且毫不模糊的习惯法规则,它肯定不能构成我们难题的解决方案。显然,无论对上述问题的答案如何,鉴于信托协议中的限制条款对第三方不具有约束力,信托关系不能豁免捐赠国对由于直接归因于捐赠国的捐赠而对第三方国家造成损害的有关责任。[2]

也有反对意见认为,如果捐赠国在一国境内或在其权益方面引发一系列可预见但非直接故意的灾难,捐赠国不应承担任何责任。当然,假设捐赠国能够证明伤害是不可预见的,或者在与受托人协商的基础上,已经采取一切措施以避免伤害,所有活动均是在目标国的额外同意下善意开展的,那么捐赠国的潜在责任将明显减轻,并且很可能被免除。因此,潜在的捐赠国在对信托基金作出认捐承诺或提供捐赠之前,应当审慎地进行尽职调查,尽管实践中,目标国不可能或极少会向捐赠国提出索赔要求。从理论上讲,如果承认为协助发展中国家而设立的特定信托基金受到的监督很少,并帮助现有的专制政体购买武器,扼杀民主,那么后继的民主政府应该能够要求捐赠国提供损害

〔1〕 参见《建立原型碳基金的文件》s 12.4。

〔2〕 根据政府间信托基金的习惯法,基金资产由受托人合法所有更加有说服力。因此,捐赠国实际上拥有这些资产。

赔偿,因为捐赠国直接否认了内部自决制度且助长了腐败滋生。尽管如此,显而易见的是,本小节中探讨和提出的问题并没有明确的或直截了当的答案。毫无疑问,由于担心资金可能完全停止继续投入,绝大多数受益人将不愿意在本节所述的情况下要求捐赠国赔偿。

二、缺乏清晰的公司治理

在本章以及第四章中,读者将会遇到各种各样的基金治理机制,政府间信托的执行机构通过这些机制来管理事务,其中一些是相当复杂的,包含了众多的机构,但并非所有机构都拥有执行权,其他机构只是依靠受托人作出决定并实施信托的日常事务。然而,与针对私人公司范围内的公司治理迅速涌现的讨论不同,政府间信托基金领域没有出现过这种争论。考虑到许多信托基金具有政府间机构的性质,并且受到受托人的特权和豁免权的保护,人们可能会认为不需要进行这种辩论。因此,它们的本质使其不易受到私人公司治理问题的影响,可能有人认为,它们的唯一职责是对它们的设立者而言的。如果情况确实是这样,那么包括联合国在内的所有国际组织而言,情况也是如此,尽管人们会发现很少有人支持以下说法,即联合国或联合国儿童基金会的执行机构只对其缔造者负责,而不是对被授权服务的民众负责。本书的篇幅有限,不能对这一问题进行更全面的阐述。在现阶段,我们可以说,私法上的两大公司治理学派对非股东执行董事会的职责持两种截然相反的观点。第一种观点认为,董事会应当为股东的最大利益行事,因此必须努力实现股东利润最大化。第二种观点越来越普遍,但很难得到公司本身的支持,它假定公司通过其董事会对股东负责,而且还对所有利益相关人以及社区负责。[1] 虽然本节不再重述

---

〔1〕 A. L. Friedman and S. Miles, *Stakeholders: Theory and Practice*, Oxford UP, 2006; R. Phillips, *Stakeholder Theory and Organisational Ethics*, Berrett-Koehler, 2003. 对于利益相关者参与环境领域的理论研究,参见 S. Stoll-Kleemann and M. Welp, *Stakeholder Dialogues in Natural Resources Management: Theory and Practice*, Springer, 2006。

利益相关者理论,但也许只要说利益相关者就是那些直接受公司、信托基金或组织运行影响的人和社区就足够了。

对于政府间信托基金而言,如果董事会或受托人仅因为其委任书或信托章程文件所述,以为它们不应对其他利益相关者负责,只须对捐赠国负责,这是不合理的。就其本质而言,本书所研究的信托基金的任务是应对自然灾害、饥荒、贫困、不发达、全球环境退化等问题,所有这些问题的解决,均涉及外部利益相关者的参与,参与表现在当地所有权原则、董事会作出的拨款决定、通过受托人的合同执行以及受影响群体以各种方式对信托基金运作参与等各个方面。基金授权文件要求满足受益人的利益,就足以证明上述直接关联的存在。显而易见,信托基金的执行董事会应为利益相关者的利益管理信托,这些利益相关者最终是他们的受益人。

信托工具往往致力于免除缔约各方(包括捐赠国和受托人)的责任,并在捐赠国之间分配信托执行机构与其他机构的权力,却忽略了董事会、受托人在管理信托事务方面的职责。不能说向受益人提供赠款的行为即满足了信托基金利益相关者的预期,因为赠款提供是信托的基本任务,任何情况下均需履行。需要注意的是,在不忽视捐赠国意愿的情况下,基金执行机构通过决定和政策,在日常运作过程中赋予利益相关者以权力并使之受益。考虑到信托基金的政府间性质,不能根据任何国内立法强加基金利益相关者理论,但这一理论可以在信托基金工具中得到确立。许多信托基金执行机构由捐赠国自己设立的事实,或许致使人们认为这类似于公司股东自己组成执行董事会的情形。即便如此,也不会动摇笔者前面提到的观点,因为信托是一个包含多元主体的工具,包括受托人、捐赠国和潜在的其他参与者,[1]其中,没有哪一类主体的地位更优越,基金的职责只是向外部参与者

〔1〕 例如,就原型碳基金而言,私营公司可能作为完全参与者并参与基金的决策过程。

提供资助。此外,信托基金不能旨在获取经济利润,否则这类国际信托基金可能会失去现有的特权。政府间信托不仅是一系列合同承诺,更是一种生机勃勃、不断成长的有机体,在特定的社会和群体中发挥作用和功能,其行动可能影响社区的成员。同时,如同跨国公司一样,它们也必须遵守有关环境、劳资关系和其他方面的国际公认标准。[1]

一些信托基金董事会的不对称结构在某些方面会存在问题,例如,由国家和私营公司组成的原型碳基金的董事会构成。实际上,如果政府间基金的执行机构对其利益相关方负有责任,并假设该基金根据国际法规定承担责任,那么如何追究私人捐赠人的责任?此外,如果在未来的某个时刻,受益人的权利将在个人或集体人权框架中被概念化,如何对那些不具有国际法律人格且未直接与受益人签订合同的私人公司主张权利?或许国内法律体系下的个人责任并不令人满意。受托人和捐赠国应该仔细地考虑信托基金的治理模式,而不是回避这些问题。

第十节　管辖权豁免

具有部分国际法律人格的主体,可能会基于法律或条约规定而承担赔偿责任,但由于管辖权豁免规则可能发挥作用,所以不一定意味着该主体将在一国法院受到起诉。此外,即使放弃管辖豁免,并最终针对行为人作出判决,也不能完全确定这一判决能够得到执行,因为执行豁免可以有效地阻止任何类型的没收、扣押或查封行为。当代国际法中的一个漏洞,是缺乏国际组织享有豁免权范围的一般性规则。

---

〔1〕 I. Bantekas, *Corporate Social Responsibility In International Law*, 22 Boston UILL, 2004, p. 309.

与国家不同,国家行为的豁免基于统治权行为(*jure imperii*)或管理权行为(*jure gestionis*)的区别,前者即主权行为,后者往往是为商业目的,且后一类行为不能免于法院司法管辖,对国际组织的豁免则没有类似的区分原则。[1] 实际上,国际组织的主权(sovereign)与商业功能或交易之间的区别很难量化,即使是对明确具有商业性质的国际组织,例如,与商品交易和监管有关的商业国际组织,上述行为之间也是很难量化区分的。

次贷危机以及世界各地银行的坏账是一个突出的例子。这一危机在2008年年末从美国蔓延至欧洲再到世界其他地区。银行业危机的后果加上印度、中国消费水平的提高,导致石油和大米等主要商品价格暴涨,从而引发全球贫困地区对饥饿或营养不良问题的迫切担忧。[2] 考虑到全球营养和发展援助的必要性以及它们被载入《联合国千年宣言》等文件的事实,必然使大宗商品国际组织不仅仅具有商业性质。目前,绝大多数商品组织均是根据创始条约成立的国际组织,例如,国际糖业组织的豁免权不能在所有成员方的领土内适用,而只是在东道国英国根据各自的《总部协定》条款适用。[3] 相反,《建立商品共同基金协定》第40条规定,基金在其所有成员方的领土内均享有管辖豁免。可见,当代国际组织的豁免权是参照其创始条约、《总部协定》以及东道国关于国际组织管辖豁免的相关国内法来确定的。虽然习惯法规定的职能豁免权在实践中未得到支持,但如果职能豁免权根据协定或立法行为确立,则完全可以得到承认。因此,如果信托基金具有完全的国际法律人格,必须通过在这些文件中的特定表述来确

---

〔1〕 J. Klabbers, An Introduction to International Institutional Law, Cambridge University Press, pp. 10 – 11.

〔2〕 参见联合国粮食与农业组织或国际农业发展基金会:《农业需求增长和商品价格上涨》,载联合国粮食及农业组织官网2020年8月4日,www.fao.org/es/esc/common/ecg/538/en/RisingPricesIFAD.pdf。

〔3〕 1992年《国际糖协议》第6条第(3)款。

定其豁免权的范围。

就非国际组织信托基金而言,其豁免权范围将根据其章程文件,按照与东道国及其成员的合同协议来确定。它们在任何方面均不具备完整的国际法律人格这一事实,削弱了它们就一系列豁免权的谈判能力。正如已经解释的那样,根据各自的《总部协定》,全球基金的豁免权是在依瑞士法的规定却不能保证在没有协定的前提下进行的,其他国家仅根据职能豁免权理论而承认这些豁免权。

虽然《总部协定》各不相同,甚至相差很大,但就可能的司法管辖豁免的例外情况而言,无论信托基金的形态是完全的国际组织、有限的国际组织还是其他类型,均可以看出某些共同的特征。豁免权的这些例外包括:(1)任何属于或代表信托基金的运营工具在东道国领土发生的民事责任诉讼;[1] (2)针对信托基金提起诉讼的反诉;[2] (3)信托基金作为一方当事人的合同纠纷和私法性质的纠纷。[3] 尽管在有关《总部协定》中,在涉及雇员工资、薪金和报酬的司法扣押方面不存在豁免管辖权,但仍避免将劳动纠纷纳入豁免例外范围,因为国际组织的雇佣关系一般被认为不应受当地司法程序的影响。这一趋势似乎还包括与薪资无关的就业纠纷,例如,涉及歧视、晋升等有关的劳动纠纷。[4] 上述豁免的最后一个例外涉及信托与执行机构、合同方和其他主体之间的合同关系,其中诉诸仲裁还是司法的解决方式将由当事方事先商定。在合同中加入争端解决条款意味着信托须放弃其管辖豁免。

由于上述原因,全球基金的资产及其人员易受其他司法管辖区的

---

〔1〕 参见《总部协定》第5条第(1)款第(b)项。

〔2〕 参见《总部协定》第5条第(1)款第(h)项。

〔3〕 参见《总部协定》第5条第(1)款第(c)项;《建立商品共同基金协定》第42条第(1)款。另外,在"富国银行等诉维多利亚航空租赁有限公司案"中,由于该协定的商业要素(贷款)是主权事项附属物,因此与《瑙鲁磷酸盐信托基金》签订合同的公共银行被认定享有诉讼豁免权。

〔4〕 参见 Mukoro v. EBRD,107 ILR(1994)604。

民事、刑事诉讼的影响,但有以下两种情况的例外:第一种情况是直接针对全球基金缔约方提起的诉讼。在这种情况下,除非证明相关国家参与特定交易的行为,并且明显带有商业性质,否则该诉讼不得受理。无论是基于"行为的本质"理论[1]还是基于"行为的目的"理论,[2]均会得出相同的结论——全球基金的成员方设立基金并参与其中,其唯一目的是为全球防治致命疾病的斗争提供资金。该框架内的所有活动和交易均构成公共性质的主权行为,因此享有主权豁免权。如果缔约方的参与行为涉及作为信托基金日常业务所必要部分的商业交易,特别是药品的购买、采购和分配,尽管存在上述管理权行为,但该国依然可享有豁免权,因为该国可能是通过基金法人而不是以自己的主体身份从事交易行为。无论如何,如果一个特定的主权行为意图和结果均不带有商业性质,则不能推定该行为具有商业性质,即使其外在地体现出商业的目的。

豁免适用的第二种可能性,涉及世界银行作为受托人以信托形式持有的基金。作为国际信托基金法的一般原则,为了受益人的未来利益,信托资产归受托人所有。[3] 此外,作为受托人的世界银行、联合国或其他国际组织,根据其协定条款享有广泛的司法豁免权,且根据默许的方式,这种豁免权也适用于其以信托方式持有的资产。[4] 这

---

〔1〕 Trendtex Trading Crop v. Central Bank of Nigeria[1997] 1 All ER 881.

〔2〕 美国诉加拿大公共服务联盟,32 ILM(1993)1。尽管被纳入《国际法委员会关于管辖豁免的条款草案》第2条,但该理论在美国和英国的法院中并未引起太多重视。参见 Trendtex Trading Crop v. Central Bank of Nigeria[1997] 1 All ER 881;I Congressp del Partido [1981] All ER 1064; Victory Transport Inc v. Comisaria General De Abastecimientos y Transpertos,35 ILR 110。

〔3〕 参见《全球环境基金协定》附件B:《全球环境基金信托基金受托人的作用和信托责任》,第1段;J. Gold,*Trust Funds in International Law:The Contributions of the International Monetary Fund to a Code of Principles*,72 AJIL,1978,p. 863。

〔4〕 2002年5月23日《国际复兴开发银行与全球基金信托协议》第4条规定:"各方当事人同意,根据协定赋予世界银行的特权和豁免适用于信托基金的财产、资产、档案、收入、业务和交易,世界银行作为合法所有人,应当按照本协定的规定持有构成信托基金的资金,资产和收款。"

一因素成为任命国际公共金融机构作为不具备国际法律人格的信托基金受托人的主要原因。尽管如此,根据《国际复兴开发银行协定》第7条第(4)款的规定,国际复兴开发银行的豁免权并不是绝对的,如在合同义务方面则不存在司法豁免权,政府间开发银行也是如此。与私人缔约方相反,如果在设立相关开发银行的条约中有所规定,这些开发银行的豁免权确实具有相当广泛的适用性。某些情况下,豁免权的存在对银行的债权人来说是不公平的。在 *Scimet v. African Development Bank* 案中,[1]一家比利时公司对开发银行提起诉讼,要求支付与委托雨水净化项目有关的服务费用。原告的诉讼基于乍得与非洲开发银行于1976年8月2日签订的贷款协议。根据1963年《设立非洲开发银行的喀土穆协定》第50条的规定,[2]除因行使借款权产生的诉讼外,非洲开发银行对所有司法程序享有豁免权。在审查贷款协议后,布鲁塞尔一审法院认为,该案并不涉及非洲开发银行根据1963年《设立非洲开发银行的喀土穆协定》第23条和第24条行使借款权的情形,因为借款权的行使只会在非洲开发银行在有关成员方或国际资本市场上获取资金的情况下产生。

在涉及国际复兴开发银行劳动纠纷的 *Mendar v. World Bank* 案中,[3]哥伦比亚特区上诉法院审查了《国际复兴开发银行协定》第7条第(3)款,以确定放弃豁免权的范围和给予政府间组织豁免权的目的。法院认为,授予此类豁免权的理由是使国际组织更有效地实现其宗旨,因此,只有在放弃该豁免能够加强世界银行实现其宗旨的能力的情况下,法院才倾向于接受世界银行放弃该豁免权。这些宗旨明确载于《国际复兴开发银行协定》第1条,法院认为,在适当的情形下,就债券持有人、债权人和债务人提起的诉讼,银行放弃豁免权是合

---

〔1〕 128 ILR,1997,p. 582.

〔2〕 《设立非洲开发银行的喀土穆协定》,1982年5月7日修订,1276 UNTS 3。

〔3〕 99 ILR,1983,p. 92.

理的。[1]

就国际货币基金组织而言,任何一项业务均不会被认为是管理权行为。国际货币基金组织不是贷款机构,也不承担与商业银行业务相关的职能;相反,它的业务旨在促进纯粹的公共职能,即国际货币体系的稳定。因此,除上述指出的例外情况外,无论是因其收取费用还是因其从事也可能由私人金融机构开展的活动,以商业形式对外开展活动的国际组织的一般豁免权始终适用于整个世界银行集团以及全部公共国际金融机构。此外,世界银行设立的信托基金的运作在任何时候均应被视为统治权行为,因此,信托的受托人享有相应的豁免权。这一判例法在信托基金的应用表明,由于信托基金一般不涉及受托人行使借款权,而作为受托人的国际复兴开发银行,一般不会受到合同方和其他方提起的民事诉讼约束。

最后,如同国际组织的债权人不能起诉违反章程的成员方一样,信托基金与东道国之间缔结的《总部协定》也有一项共同原则,即无论是否取消某些索赔司法管辖豁免,均不允许为了满足上述索赔要求而扣押、没收或征用信托财产。这种执行豁免权的范围各不相同,有的仅包括私人合同产生的索赔,而不包括车祸和工资,[2]国际复兴开发银行一例中则是绝对执行豁免,[3]这意味着豁免延伸至信托机构。无论如何,信托基金的资产由受托人持有而不是由受托人实际所有。因此,即使受托人解散,信托基金也不会受到清算的影响。应注意的是,所有信托协议和其他信托文书均是标准化的,其中的任何内容均不应被解释为受托人放弃特权和豁免权。

---

〔1〕 99 ILR,1983,pp.97-99.

〔2〕 参见《总部协定》第5条第(2)款。

〔3〕 参见《国际复兴开发银行协定》第7条第(3)款至第(4)款;与之相反,《设立非洲开发银行的喀土穆协定》第52条第(2)款却规定,"只要对银行没有作出最终判决",即禁止一切形式的扣押、查封或执行银行资产和存款的行为。但是如上所述,这种豁免权的缺乏仅适用于因行使银行借款权而产生的索赔。

第十一节 信托基金的解散

与国际组织不同,信托基金并不必然围绕一个具有国际法律人格的独立实体进行组织,这也使它们不同于由具有国际法律人格的实体管理的情形。如前所述,国际信托基金可以仅以没有独立治理结构的信托账户形式存在,或者是具有复杂治理结构的信托账户,或者作为国内法人甚至作为国际组织存在。很明显,每一种模式下的基金解散,必须以不同的法律依据为前提,并以清算的结果为基础。

无论采用完全的还是有限的国际组织形式,信托基金均需围绕具有法律人格的实体设立。这个实体的解散,并不意味着信托基金机制的解散,除非这成为基金创立条约的意图之一。即使这正是起草意图,其他因素也可以排除信托与该法人实体一起自动解散。实践清楚地表明,至少就信托基金的创立条约而言,在国际组织信托基金的语境下,法人和信托基金之间没有区别。《全球作物多样性信托基金会章程》第 20 条规定,如果执行理事会认为信托已实现其目标或无法再有效运作,则可在成员方批准后解散信托。在这种情况下,未支配的捐赠基金应退还给原捐赠国,或者在捐赠国同意的情况下分配给类似目的的组织。全球作物多样性信托基金具有完全国际组织形态,因此,其解散和相关责任完全由其创立条约及其《总部协定》管辖。就全球作物多样性信托基金而言,解散法人即意味着解散基金,因为信托基金的执行机构除其执行职能外,还是基金的受托人。

就国际油污赔偿基金(International Oil Pollution Compensation Fund,IOPCF)而言,1992 年《设立国际油污损害赔偿基金国际公约》(以下简称 1992 年《公约》)明确规定所有成员方应在其各自领土内授予基金法律人格。1992 年《公约》第 37 条对基金解散没有作出明确规定,仅规定解散时基金将履行公约仍有效时所产生的所有义务,并要求尚未缴纳资金的会员国缴款，并在出资成员中公平分配剩余资产。尽管以条约方式设立，但国际油污赔偿基金法人受到国内法管辖，因为该基金作为法人在英国境内注册，只是须遵从条约关于一系列特权和豁免的规定。虽然法人的解散须遵循其所在东道国的法律以及有关清算法律，条约（包括 1992 年《公约》以外的一系列《总部协定》）规定的解散和清算程序的适用优先于任何国内法规定。在其他方面，鉴于该基金的受托人是国际油污赔偿基金大会，因此与全球作物多样性信托基金一样，法人的解散必然导致基金的解散。

全球基金与瑞士之间的《总部协定》亦未提及清算或解散事项。但是，根据我们之前对该基金法律结构的分析，除了基金与瑞士《总部协定》中提供的特殊特权外，基金业务在所有其他方面均受瑞士联邦法律的管辖。鉴于瑞士破产法和民法典的强制适用性，基金章程不能取代此类立法。这一点在《全球基金章程》第 13 条第（2）款中得到了认可，该章程承认基金的解散将根据《瑞士民法典》第 88 条和第 89 条进行。

与全球作物多样性信托基金和国际油污赔偿基金不同，全球基金的受托人是独立于基金的实体，即国际复兴开发银行。国际复兴开发银行以全球基金的名义设立并持有基金账户，该基金账户的金融资产由银行信托持有。因此，全球基金法人的解散不会自动终止受托人持有的信托基金账户；基金账户得以解散，须在全球基金与受托人之间的协议中增加这一性质的条款，且须充分满足基金解散的要求。即便如此，将全球基金的清算置于瑞士联邦法律之下，必然意味着基金与其受托人之间关于解散基金账户的任何协议在违反上述瑞士法律的情况下归于无效。

截至目前，对信托基金解散的审查均涉及法人实体的存在，无论是作为国际法人还是作为国内法人。如果受托人是基金的执行机构，则法人的解散即标志着基金的解散，如果受托人是一个独立的实体，则解散基金还需要与受托人签订有关协议。对于没有法律人格的信托基金,解散行为仅受信托基金组织法的约束,但清算程序很可能受一个或多个司法管辖的管制,具体取决于信托基金运作期间达成的协议内容。关于信托账户,捐赠国与受托人的捐赠协议一般均会包含解散条款。例如,国际复兴开发银行的标准终止条款规定,一旦同意终止:"任何剩余的信托基金资金,包括应计投资收入,应在终止后 1 个月内按比例退还捐赠人;在终止后 3 个月内,世界银行应向捐赠人提供关于捐款总额的最终审计财务报表,总结信托基金的活动和成果的最终报告。如果基金提前终止,经双方协商,世界银行与第三方之间已达成的任何协议不受影响。在归还剩余的信托基金资金,提供最终财务报表和最终完成报告后,世界银行在本协定下职能应视为终止。"[1]

除非未订立信托协议,信托基金的终止只在非常罕见的情况下才可以构成单方行为。如果信托基金围绕法人实体组织起来,则成立信托的条约或合同通常会要求经所有成员方同意才能解散信托。信托协议还可以规定,受托人或任何其他参与人的退出可以导致解散基金。[2] 同样地,只涉及捐赠国和受托人的信托账户,也可以要求信托解散时需经受托人同意,尽管受托人实际中不大可能对捐赠国的决定提出异议。但是,根据合同约定,如果捐赠国决定在未通知信托基金的情况下撤回捐款,将不构成合法的单方行为,而是违反合同承诺的行为,这一逻辑同样适用于受托人。

在信托基金由联合国主要机构或其专门机构设立的情况下,信托基金的终止是以设立信托基金的机构单方决定为前提的。根据《联合国秘书长关于设立和管理信托基金的公报》第 44 ~46 段,这类信托基

---

〔1〕 参见 2001 年《消除贫困战略信托基金》,《适用于信托基金赠款的标准规定》第 14 条,《丹麦 - 复兴开发银行/国际开发协会关于亚欧会议 - 亚洲金融危机信托基金的协定》第 15 条。

〔2〕 参见 2005 年《建立多边投资基金协议 Ⅱ》第 5 条第(3)款,规定如果世界银行在履行信托受托人职能中暂停或终止其自身的业务,则信托也将终止。

金须受公报[1]以下内容的约束：

44. 信托基金只能由设立信托基金的当局或根据其职权要求予以关闭。大会或其他立法机构设立的信托基金可在有关立法机构作出决定后终止。

45. 根据信托协议的规定或财务助理秘书长或其代表与捐赠国协商后认为有适当的理由，可终止秘书长授权设立的信托基金。

46. 对于根据职权范围或特别协定的规定处置任何剩余款项的信托基金，财务助理秘书长或其授权代表将确保在基金结束时执行这些规定。信托基金结束时剩余的款项将以符合信托基金宗旨和《联合国财务条例和细则》的方式处理。

1992 年，有人要求联合国法律顾问在不签订信托协议或起草职权范围的前提下，就秘书长设立的两个独立的信托基金的终止程序提供咨询意见，其中一个涉及外债危机和发展，另一个涉及发展问题和加强和平与安全。联合国法律顾问认为，根据《联合国秘书长关于设立和管理信托基金的公报》第 45 段，可以在财务主任认为适当的情况下终止信托基金业务，但必须与捐赠国协商，这是解散信托基金的先决条件。[2] 意见书同时强调，信托终止后，参考条款或特别协定未涵盖的余款不一定归还捐赠国，因为《联合国秘书长关于设立和管理信托基金的公报》第 46 段未对此作出规定。适当的做法是，应就联合国关闭信托基金的意愿、理由以及如何按照信托基金的目的使用余额的问题，与相关国家政府进行协商。联合国的做法不同于国际复兴开发银行，后者在基金解散后会将剩余资产返还给捐赠国。实践中的这种差异可能与国际复兴开发银行及其捐赠国之间的信贷关系有关，而与联合国的人道主义性质无关。

---

[1] UN Doc ST/SGB/188(1982 年 3 月 1 日).

[2] 1992 年 12 月 1 日法律意见书，UNJYB(1992)439，第 439 ~ 440 页。

第十二节 继　　承

信托基金继承另一信托基金实体的资产时,需要同时承担后者的权利和责任。如果信托基金的执行机关根据信托基金章程文件被授予这样做的权力,或者如果被视为信托基金的默示权力(在存在可能且合法的继承情况下),则继承不会存在问题。然而,在其他情况下,特别是在继承涉及现有信托基金法律性质的重大转化时,必须经过所有捐赠成员同意并修订信托章程文件。如果信托账户继承原先存在的信托资产或受托人根据所有参与方的共同协议持有的信托账户资产,需要的只是捐赠国的同意和在受托人组织法框架下采取的继承行为。全球环境基金继承其前身全球环境信托基金的资产就是这种情况。信托基金的捐助方通过《建立重组环境设施的创立文书》对信托基金转化表示同意。这被全球环境基金的三个执行机构——世界银行、开发计划署和环境规划署——随后采用,并由世界银行以决定的形式制度化。[1] 继承的程序相对较为简单,受托人只是根据有关协议终止了全球环境信托基金,将其所有资产转入全球环境基金的账户。在没有其他相反情况下,可以假定所有的相关负债也转移至继承人。

除以法人为中心设立的信托基金外,本书中所考察的信托协议均没有提到继承的可能性,对于以松散的国家会议形式组建的信托基金,其责任继承行为的法律地位尚不明确。因此,上述责任继承行为适用法律是捐赠协议或基金创立文件终止和责任条款、受托人组织法和与责任有关的国际法一般原则,在某些情况下可能包括国家责任法。关于国家责任的国际法在以下情况适用,即信托基金并非围绕国际法人组建,或者某些捐赠国的参与会直接导致出现可归因于它们的非法行为。

---

〔1〕 参见1994年《国际复兴开发银行第94-2号决议》。

第四章　国际信托基金的治理模式

第一节　概　　述

本章将围绕两个相关联的主题展开:第一个主题是捐赠方在管理政府间信托基金时采用的各种治理模式,第二个主题是受托人对捐赠方、受益人的法律义务。笔者对治理模式的分析以基金各行为人的实际权力和决策权为前提。在每一种情况下,信托基金由至少一个捐赠国构成的执行机构和一个受托人组成。“三层治理模式”包括一个与联合国大会功能类似的大会,可以让利益相关方均有发言权,并在特殊情况下与其他行为人一起拥有某些决策权,但它对信托基金的预算没有权力。而受托人并非在基金所有阶段行使决策权。研究表明,事实上,在各种各样的模型中,受托人要么不行使任何权力,要么拥有共同决策权或对某些事项拥有唯一的权力。在特殊情况下,信托的执行机构还承担了受托人的角色。这种多样性值得肯定,因为这表明,信托基金的起草者并不只是简单地复制一种成功的类型,而是有意建立一个反映其需要和愿望的政府间实体,并最终以决定信托基金治理结构的方式反映其特殊政治需要。

受托人对受益人义务的法律性质比对捐赠国的义务更复杂。国内信托法的传统原则表明,受托人对受益人负有信托义务,但没有指定受益人的慈善信托除外。因此,本章的任务之一是考察国际法中信托基金的法律结构是否包括指定受益人的存在,还是如同慈善基金一样在没有指定受益人的情况下运作。如果是后一种情况,那么就应当考察受托人是否对受益人负有或承担哪些明示或默示的义务,这种义务存在于信托程序的哪个阶段等。因此关键就在于是否存在针对受托人的、可强制执行的受益人权利。这类权利常见于国内信托基金中(慈善信托除外),是信托工具的一个根本特征;无论普通法系还是大陆法系下的信托均是如此。在这方面,国际法信托基金方面存在指定受益人的可能性,尽管实际情况很少见。

受托人应向捐赠国履行大部分义务;这些义务以信托文件以及捐赠国与受托人之间的管理协议为前提,并在适用情况下由受托人的运营政策作出进一步规定。根据国际习惯法,受托人负有以下义务:单独记账的义务、谨慎的义务、投资和再投资的义务、避免利益冲突和绝对禁止自我交易的义务、向捐赠国(在某些情况下向其他利益相关者)提供财务报告的义务。对这些义务的考察,须以评估贯穿于国际信托法并涉及受托人管理的信托基金资产的所有权这一基本问题为前提。上述资产应由受托人为受益人的利益而持有。如果在基金解散后仍有剩余资产,这些资产一般将归还给捐赠国并由捐赠国所有。

虽然笔者在对国际模式讨论时考虑到国内信托法的一般概念,但得出的结论并没有以国内信托法的原则为基础。[1] 国际法背景下的

---

〔1〕 正如本书第一章第二节所述,尽管普通法和民法信托概念均不完全符合政府间信托模式,但由于罗马-日耳曼式信托的契约性质,后者更接近本书中介绍的信托。

信托基金在许多方面是独特的，特别体现在以条约或其他合同协议为前提以及对受益人承担有限信托义务（如有）等方面。因此，笔者并不认为国际模式不能或未能包含履行信托义务所需的要素。相反，捐献人、受托人和受益人之间的关系本身并不能证明仅仅存在合同或代理关系。同样地，国内信托的基本原理及原则尚不足以满足政府间合作的特殊需要。因此，笔者认为，本书考察的国际信托基金形成了国际法特有的一种独特的信托工具。正如在第一章中阐述的，它们的法律性质不同于国际法规定的代理关系。

本章主要通过讨论治理问题以确定政府间信托的各种决策模式，但并不涉及更广泛适用于信托的公司治理问题。

第二节 基于付款权的治理模式

在前几章中，笔者提到了由一个简单的治理结构组成的政府间信托基金。例如，作为联合国秘书长和大会特别账户设立的信托基金〔1〕以及那些性质更为复杂的政府间信托基金，这些信托基金的主要机构包括执行董事会、大会以及受托人等。〔2〕 简单的治理模式一般涉及有限资产的信托基金，并任命具有广泛决策权的单一受托人。在这种情况下，这种模式实际上最具成本效益的选择。世界银行一般是以信托账户的形式存在的信托基金的受托人。〔3〕 鉴于联合国大会和秘书处乐于设立和管理大量的小型基金，特别是为其自身业务融资的基金，另外，吸引大量资金的多方捐赠国的信托基金所需的，不仅是一个银行账户和一个对支付具有决策权的单一受托人，全球环境基

〔1〕 参见本书第二章第二节。

〔2〕 参见本书第二章第一节和第三节、第三章第四节和第六节。

〔3〕 参见本书第二章第二节和第三章第七节。

金、苏丹多方捐赠信托基金以及其他类似信托基金，虽然需要世界银行等受托人提供有经验的服务，但也恰当地反映了捐赠国的政治平衡。大型捐赠国不太可能将有关战略和支付权力移交给受托人，特别是这种因捐赠产生的权力，且不应低估捐赠国相对于受援国和其他捐赠国的隐性谈判能力。在大型捐赠国众多的情况下，各方有必要就类似于国际组织的复杂治理结构达成协议，建立一个拥有最终决策权的执行机构以及其他代表所有捐赠国、受托人国际组织和私营实体等利益相关方的机构。从这个意义上说，政府间信托基金在结构和组织上不同于国际组织，也更加灵活。

以下部分，将基于被授权在支付和战略方面约束信托基金的机关或机构，来分析基金治理的复杂或简单的模式。虽然也可以采用其他方法，但对政府间信托机制的具体做法需以权力要素为前提。

一、受托人不具有决策权的三层治理模式

普通法中信托的法律概念，建立在委托人和受托人之间关于受托人为受益人利益或为一个慈善目的而管理财产或资产的关系基础上。受托人对信托财产的权力，受到信托文件以及普通法、衡平法或成文法的约束。国际法信托业务的内在原理是，捐赠国对受托人的财政和管理能力给予信任，避免捐赠国单方行动造成不必要的重复与高成本、低效率的后果。因此，如果政府间信托基金需要捐赠国来决定信托管理以及与受益人关系的每一个问题，就违背了这种实际考虑。这种安排会破坏信托成立的整个目的，并且由于受托人作用的减弱，导致信托关系变为类似于变相的代理关系或普通合伙关系。当然也有不同的情况。例如，国际信托基金的捐赠国在多数情况下均希望对其委托财产的管理发表意见；或捐赠国希望能向发展中国家提供平台，使其拥有某种权力和承担某种责任。这是普通法下的信托与根据国际法律成立的信托之间的另一个区别。

国际信托基金最典型的复杂治理模型由三层结构组成，包括执行

机构、受托人以及包含信托利益相关者的第三机构。《全球基金章程》第 5 条规定了四个不同的机构：伙伴关系论坛、董事会、秘书处和技术审查小组。[1] 其中，董事会是全球基金的最高管理机构，并被特别授权可以通过政策和战略、业务准则、工作计划和预算，作出出资决定，验证项目的资格标准，并拥有任何其他必要的权力以实现全球基金的目的。董事会由 20 名有表决权的成员及无表决权的 4 名成员组成。在有表决权的成员中，7 名来自发展中国家，8 名来自捐赠国，其余 5 名来自公民社会和私营部门。[2] 伙伴关系论坛有类似于联合国大会的作用和职能；但对预算没有约束力，也没有实质性的默示权力。伙伴关系论坛对基金广泛利益相关方开放，包括捐赠国、非政府组织等，为这些主体提供一个表达对基金政策、战略看法的平台。

除了以上机构外，全球基金的金融财务由世界银行作为受托人来管理。与其他政府间信托基金不同，从基金框架文件第 27 条可以看出，受托人对筹集战略或资金资源分配没有决策权，其作用仅限于实际筹资、投资和基于经营政策来管理基金资产，以及根据董事会的指示支付基金的资产。同样地，世界银行有义务向所有利益相关者提供报告，并与董事会一起进行独立审计。世界银行无权与受援人签订拨款协议，因为这属于董事会的权力。世界银行作为受托人，可以参与不与其指令或董事会决策相冲突的业务活动以及契约关系，包括银行将其部分合同义务分包给第三方的权力，如世界银行利用私人银行和商业账户保管信托资产。这种情况下，私人银行可以按照框架文件规定的义务担任世界银行的代理人。

---

〔1〕 参见《全球基金章程》(2007 年 11 月 12 日修订)。

〔2〕 参见《全球基金章程》第 7 条第(1)款。有趣的是，5 名公民社会代表的来源如下：一名来自发展中国家的非政府组织；一名来自发达国家的非政府组织；一名来自私营部门；一名来自私人基金会；一名来自非政府组织，他是艾滋病患者或来自一个患有结核病或疟疾的社区。参见 J. Gupta, *The Role of Non-State Actors in International Environment Affairs*, Heidelberg, 2003, p. 459。

全球环境基金是三层信托基金的另一个例子,但其执行机构并不包括私人主体的参与。全球环境基金由理事会和大会负责管理,并由秘书处协助,首席执行官负责。[1] 理事会作为全球环境基金的执行机构,负责制定全球环境基金财务计划以及评估经营政策。理事会由32名成员组成,代表所有参与者并给予捐赠国筹资努力相当的重视。其中,16名成员来自发展中国家,14名来自发达国家,2名来自欧洲中部和东部。全球环境基金的成员资格向各国以及联合国专门机构开放,因此,大会由所有与会者的代表组成。大会的权力是建议性的,包括审查全球环境基金的一般政策、基金的成员资格以及理事会关于修正文件的建议。[2] 根据《全球环境基金重组文件》第15条,理事会有义务充分考虑大会进行的审查及结论。如全球基金一样,全球环境基金理事会任命世界银行为受托人。[3] 同样地,受托人只能在理事会的指导下,根据受托人的协定、细则、规则和决定获得财务和行政职责。在特殊情况下,如果理事会的决定与世界银行的规则之间出现任何不一致,理事会和世界银行应相互协商,以避免产生冲突。全球环境基金的三层结构还包括一些实施机构,如开发计划署、环境规划署和世界银行。它们的作用是为执行理事会的政策提供专门知识和合作,但其并不具有约束性的权力。

二、受托人拥有共同决策权的三层治理模式

在一些冲突后重建的信托基金中,出现了"三层治理模式"的异化类型。实际上,这些信托基金的建立具有一定程度的紧迫性,利益相关者的参与对于特定目标国家来说非常重要。利益相关者以有限的职权参与基金,目的是加强问责机制以及透明度,这也符合地方所有

---

[1] 参见《全球环境基金重组文件》(2003年6月19日修订)第1条。

[2] 参见《全球环境基金重组文件》第13~14条。

[3] 参见《全球环境基金协定》附件B;《全球环境基金信托基金受托人的作用和信托责任》第1条。

权原则的要求。许多国际信托基金中受托人并没有决策权,但也有例外。

伊拉克国际重建基金于2004年由国际社会发起,由两个不同目的基金组成:世界银行伊拉克信托基金和联合国发展集团伊拉克信托基金。两个信托基金在行政管理上归入伊拉克国际重建基金。除作为两个信托基金的受托人外,伊拉克国际重建基金本身作为一个单一的实体由捐赠国委员会和协调委员会管理。[1] 捐赠国委员会是指定的执行机构,负责支持总体优先事项并为该设施的两个信托基金提供战略指导。为确保规模可控,委员会由对任何一个或两个基金缴纳会费超过1000万美元的捐赠国组成。[2] 鉴于资金接收、投资和支付以及无数申请的惊人工作量,捐赠国委员会不能履行这些职能。作为一项实际需要而不是一项基于权力分享考虑作出的决定,上述职能通过一个伊拉克当局参与的复杂机制委托给受托人。协调委员会对预算或支付没有约束力,其职责是避免重复并协调两个信托基金资助的计划。[3] 协调委员会的成员资格只向世界银行和开发计划署开放。令人惊讶的是,这两个组织均被称为"管理者",而不是一般的受托人。[4] 更震惊的是,在世界银行伊拉克信托基金的条款和条件中,银行被明确授权以独立实体(一般缺乏国际法律人格)的形式作为监督代理人,监督与该基金资助的活动有关的支出。

因此,现实中,世界银行和开发计划署在各自信托基金项目的某些方面拥有一些共同决策权,并根据捐赠国委员会的政策指导方针和

---

〔1〕 参见《伊拉克国际重建基金职权范围》(2003年12月11日)第8条。

〔2〕 参见《伊拉克国际重建基金职权范围》第20条。此外,根据捐赠国委员会的程序,不符合这一门槛的其他捐赠国的代表也可获得两个以上的投票席位。分析人士指出,捐赠国委员会作为一个战略机构,没有充分发挥其潜力,开会次数远远少于最初的预期,也没有提供多少或根本没有提供指导。参见 Scanteam, Review of Post-Crisis Multi-Donor Trust Funds (February 2007, Commissiened by IBRD etc.), pp. 25 - 26。

〔3〕 参见《伊拉克国际重建基金职权范围》第23~24条。

〔4〕 《伊拉克国际重建基金职权范围》第18条;《苏丹多方捐赠国信托基金业务手册》第2.5条也采用了同样的术语。

优先事项完成信托事务。但在下文的内容中将表明,与开发计划署的权力非常有限相比,世界银行的情况则恰恰相反。

世界银行信托基金在提出筹资申请时,先由伊拉克战略审查委员会(ISRB)进行审查,以确定其筹资的适当性。之后,协调委员会评估该提案的资格,再由世界银行评估其运营情况。如果满足世界银行的要求,该银行将与受援人签订拨款协议。开发计划署对发展集团信托基金的决策权相当有限。权利归属于信托基金指导委员会,受托人只有接收、管理捐款并向参与的联合国机构支付资金的权利。[1] 虽然指导委员会将与捐赠国委员会、设施协调委员会和伊拉克当局密切协商,但其中并没有受托人的位置。[2] 此外,受托人还具有代表参与联合国组织的行政代理职能。[3] 鉴于发展集团信托基金的理由是以资助联合国机构在伊拉克境内执行任务为前提,基金会向这些机构支付款项。开发计划署作为管理代理人,其职责是协调收到的资金捐赠,并根据指导委员会的付款决定将其分配给联合国机构。[4]

三、受托人不具有决策权的两层治理模式

"三层治理模式"的设计目的,是确保相关利益各方在基金运营方面均有发言权。在全球环境基金运营过程中,只有捐赠国有权对基金预算及支付作出决定,而苏丹多方捐赠信托基金包括受托人在内的非执行机构也有权作出关于支付的决定。因此,虽然"三层治理模式"中信托基金具有一些共同特点,但由于捐赠国政策和目标不同,信托基金的权力分配会有很大的不同。本部分将研究受托人不行使任何重大权力的"两层治理模式"。

---

〔1〕 参见《伊拉克国际重建基金职权范围》附件Ⅱ;《发展集团伊拉克信托基金管理活动的条款和条件》第4条第(4)款。

〔2〕 参见《发展集团伊拉克信托基金管理活动的条款和条件》第4条第(3)款。

〔3〕 参见《发展集团伊拉克信托基金管理活动的条款和条件》第1条第(2)款。

〔4〕 参见《发展集团伊拉克信托基金管理活动的条款和条件》第2条第(6)款。

密克罗尼西亚/美国信托基金就属于这种模式。该基金以两份独立而相互关联的文件为基础：一份是1982年《美国与密克罗尼西亚联邦自由联合协约》。[1] 尽管美国承认密克罗尼西亚联邦的主权独立，但仍将后者纳入联合的政体。该协约规定，美国对密克罗尼西亚联邦提供长期财政资助，建立一个拥有持续收入来源的信托基金来实现。[2] 2002年，两国签订信托基金协议。根据协议，两个国家的成员共同组成一个信托基金委员会，作为行使基金所有权力的执行机构。[3] 鉴于信托基金协议的双边性质和基金的宗旨，并不需要设立利益相关方大会或捐赠国理事会。同样，由于委员会不能自行管理信托资产，协议明确规定了对受托人的任命。受托人的选择不包括世界银行等国际金融机构，必须从在美国境内设立的信托机构中选定，并满足净资产在1亿美元以上，至少10年金融资产托管经验和5亿美元信托资金管理经验。根据《信托基金协议》的规定，受托人不拥有任何决策权，决策权仅由联合委员会行使。

四、受托人行使共同决策权的治理模式

在捐赠国提供资金的情况下，捐赠国可能会通过将某些执行机关的职能分配给受托人（一家国际复兴开发银行），以削减管理成本。一般是通过取消咨询机构并设立一个仅由捐赠国和一名受托人代表组成的执行机构来实现。采掘业透明倡议信托基金（Extractive industries Transparency Initiative，EITI）正是由一个制定基金分配战略的管理委员会及受托人组成。[4] 管理委员会由每一捐赠国派出一位代表和一

[1] 参见《美国公法》（1986年1月14日）。

[2] 美国的资助于2023财政年度停止，此后密克罗尼西亚联邦人民契约信托基金将自给自足。

[3] 参见《FSM-US 信托基金协议》第6条。

[4] 参见《英国与国际复兴开发银行/国际开发协会关于捐赠国信托基金协议》（2004年8月19日）附件3；《信托基金管理委员会》第2条。

位世界银行(受托人)代表组成。受托人在管理委员会中的决策参与有限,因为决策须由捐赠国和银行共同作出,因此,世界银行很难单方面影响基金的决策。

苏丹的两个信托基金的情况更为复杂。这两个基金的《基金运作手册》提出了"三层治理模式",即由苏丹集团、监督委员会和受托人组成执行机构,具体包括所有捐赠国、国家统一政府和南苏丹政府的代表、公民社会和私营部门代表,还包括所有捐赠国组成的"捐赠国小组"。上述执行机构决定监督委员会的组成,但并不负责作出支付方面的决定。监督委员会由来自世界银行、联合国、政府、最大的捐赠国代表组成,并可能向国际金融机构开放成员资格。监督委员会虽然在层级地位上低于集团,但有权执行程序性和分配性方面的决定,制定和修订信托基金的一般指导准则,包括资金分配标准。这是一个十分复杂的治理结构,执行机构通过类似议会的机构(监督委员会)来制定基金的总体政策,并有权决定资金分配和资助指引。两个机构有完全不同的职能,故冲突的可能性很小。但执行机构的指令应优先于监督委员会的指令。这种模式的基本原理,也许是捐赠国希望通过建立一个灵活的机构让两国政府参与决策过程,并将捐赠国的支付决定也包含在内。监督委员会处理实际的资金申请和分配,执行机构的高级官员可能无法处理这些方面的事务。

世界银行作为苏丹基金的受托人,基金支付机构的成员身份赋予了该银行共同决策权。同伊拉克信托基金一样,受托人在苏丹基金中的职责性质和范围也得到了扩展,涵盖了基金资产的执行和财务管理等方面。此外,按照伊拉克基金模式,世界银行还应向监督机构提供服务,审查并报告基金资产财务及利用的情况。因此,世界银行的广泛角色是其成为监督委员会成员并拥有共同决策权的另一原因。

五、基金执行机构作为受托人

在迄今为止分析的各种治理模型中,无论是"三层治理模式"还是

“两层治理模式”,均有明确的外部实体作为受托人参与管理,并视情况赋予或不赋予其决策权。就全球作物多样性信托基金而言,缺乏外部委任的受托人并不常见。合理的解释是,全球作物多样性信托基金是一个国际组织,其中包含了为组织宗旨提供资金信托基金的功能,从这个意义上讲,基金与该组织是不可分割的。该组织共由三个机构负责管理:执行董事会、捐赠国理事会和执行秘书。全球作物多样性信托基金的执行机构是董事会;捐赠国理事会仅具有咨询功能,并作为所有捐赠国的论坛;执行秘书是信托基金的首席执行官。虽然信托基金将与国际条约管理机构签订协议,但基金在国际条约管理机构总体政策框架内,可就资金支付作出自己的自主决定。很明显,国际条约的管理机构无权支配全球作物多样性信托基金的预算,也没有权力决定其资金的支付。

信托基金章程并未指定外部受托人。《全球作物多样性信托基金会章程》第 6 条第(2)款描述了执行董事会的各种职能和权力。包括:确保执行秘书有效地管理信托基金,并与目标、方案和预算保持一致;确保信托资产不因其财务、员工或信誉风险遭受损失。同时,执行董事会具有以下职能:通过信托财务条例,通过基金资金支付政策,为资金募集、项目申请及资助程序通过原则和标准,批准信托基金拨款,批准信托基金的投资政策并监督实施,监督信托基金的成本效益、财务及问责机制,任命独立审计师并批准审计师的年度审计计划。

这些权力和职能都是受托人享有的。因此,执行董事会事实上就是全球作物多样性信托基金的受托人。在普通法下,也存在委托人或捐赠人担任受托人角色的情况。就全球作物多样性信托基金而言,选择这样的受托人似有充足的理由,一方面,信托基金作为国际组织,与联合国设立的其他信托基金一样,由秘书长根据联合国规则和条例进行管理,受托人由联合国的主要机构派生;除例外情况,执行董事会的成员仅以个人独立身份履行职务,不代表任命他们的国家。另一方面,聘用外部受托人并利用其特权和豁免权来保护基金资产也并无必要,因为全球作物信托基金本身是一个政府间组织,本身具有特权和豁免权。

欧洲共同体也为特定目的而设立信托基金,但通常不赋予它们独立的国际法律人格。正因如此,欧洲农业保障基金(European Agricultural Guarantee Fund,EAGF)和欧洲农业农村发展基金(European Agricultural Fund for Rural Development,EAFRD)[1]由欧共体委员会管理,由农业基金委员会协助管理。这与欧洲投资基金的地位完全不同;欧洲投资基金具有独立的法律人格,且不由欧共体委员会负责管理。

六、受托人拥有全部决策权的治理模式

授予或是限制受托人的权力,完全取决于实践的考虑。根据双边协议设立的政府间基金,当其中一方是国家、另一方是世界银行等国际金融机构时,该基金一般会采取最低限度的治理模型,基本特征是不设立执行机构、利益相关方大会和捐赠国会议。此外,如果基金的目的是向特定国家或地区派出顾问或提供技术咨询,一般会选择国际金融机构为受托人,为项目提供专业知识与服务;通过捐赠国与受托人之间的相关协议,委托受托人根据捐赠国制订的标准、目标来实施项目。捐赠国接受受托人根据自身的机构运作政策和程序来进行管理。同时,此类双边协议不会像其他有多个捐赠方的信托基金规模那么大,在这些情况下,捐赠国倾向于认为将全部或多数决策权交给受托人更有利。同样,在联合国等国际组织内部建立的信托基金,特别是涉及捐赠国小额捐款与以特殊账户形式组织的捐款,由单一实体负责管理,决策权自然归属于该实体。国际法院信托基金和联合国酷刑受害者自愿基金就是这种类型的基金,这两者均由联合国秘书长负责

---

[1] 由《欧洲共同体第 1290/2005 号关于共同农业政策融资条例》(2005 年 6 月 21 日)所设立,OJL 209/1(2005 年 8 月 11 日)。

管理。[1] 还有一个管理委员会或专家小组协助管理；但他们的职权仅仅是建议性的，或是筹款色彩的。

一些大型多方捐赠国的信托基金会指定受托人作为信托资产和支付政策的唯一权力人，这种做法十分常见。在这种情况下，受托人将制订并公布详细的行动计划，并将自己的一些资产投入项目中。同样地，受托人根据捐赠国的要求设立信托基金。如果要求世界银行设立此类信托基金，该银行将通过一项执行董事会的决定，并附上基金设立标准，再将这些内容作为与捐赠国订立的捐赠协议附件，以明确世界银行作为受托人所拥有的权力。[2]

七、投票权利与权力

在任何组织中，参与者间的投票分配，实质上是关于权力分配的协议，着重确定各方对组织目标、业务的权威性。参与国际协议及其相应实体，在国际法律领域属于自愿行为；但如果这些实体也是立法者及标准制定者，或在制定政策方面具有影响力，也符合各成员方参与实体运作的利益。例如，美国尽管不是《国际刑事法院罗马规约》的缔约方，但其仍积极参与国际刑事法院的制度规则制定。[3] 因此，即使一个国家不愿意参与国际组织或条约机制，但不得不这样做，以免被孤立而不能向国际社会表达其政策。

当在政府间信托基金参与者之间分配投票权时，根据各国主权平等的传统规则，所有国家有平等的投票权，然而这种规则几乎无法适

---

〔1〕 参见《联合国秘书长关于设立和管理信托基金的公报》(UN Doc ST/SGB/188)。

〔2〕 参见《关于亚欧亚洲金融危机应对信托基金的英国－国际复兴开发银行/国际开发协会协定》(TF 020147)(1998 年 11 月 10 日)附件一，标准条款第 5 条；另参见《设立多边债务减免倡议－I 信托基金的文件》s Ⅲ(2)，《国际货币基金组织第 13588－(05/99)号多边债务减免倡议》(2005 年 11 月 23 日)。

〔3〕 美国的利益并非通过国际刑事法院的缔约方大会体现出来，而是通过包括参加联合国安理会等许多其他方式与缔约方的接触体现，这些参与或接触并非必然对国际刑事法院具有建设性。

用。有两个因素导致这种状况：首先，信托基金不只由国家组成；其次，各国认为，对于紧急状态和发展信托基金，投票权应直接以财政资助为条件，否则很容易成为受益国腐败的牺牲品。这些考虑因素在信托文件中得到了体现。例如，《全球基金章程》第 7 条第（1）款规定，其执行机构基金董事会由 20 名有表决权的成员组成，每名成员均有一票投票权。其中 7 名来自发展中国家，8 名来自捐赠国，5 名来自公民社会和私营部门。另外，全球环境基金不授予非国家实体在董事会中的投票权。各种信托基金在是否给予私人主体投票权方面的做法并不一致，不能一概而论。全球环境基金实行了双重多数的表决规则，而不是简单以参与者出资为基础；这项政策蕴含了相当程度的合法性，也体现了成员之间的相互信任。

如果设立信托基金是为了实现参与者期待的商业目标，那么，私人参与者几乎肯定会基于他们的资金贡献而得到平等的投票权。原型碳基金即属于这种情形，其参与者大会是基金的最高决策机构，由国家与非国家实体共同组成，每一主体根据其对基金的贡献获得相应投票权（不包括已支付的额外费用或自愿补充捐款）。[1] 1980 年《建立商品共同基金协定》附表 D 规定，[2] 每个成员拥有 150 张基本表决票，再加上因出资相应获得的票数。此外，每一方有权就其提供的每一单位保证金账户获得一票。所以，商品共同基金的投票权取决于其成员的货币和担保缴款。

全球作物多样性信托基金是类似于商品共同基金的政府间组织。其章程第 8 条第（1）款规定，基金的每一有表决权的成员均拥有一票，这种法律平等可以用基金缺乏直接的财务政策考虑来解释，它不像商品共同基金和原型碳基金那样在运作中存在多种经济利益。另一个类似的政府间信托基金《欧洲投资基金章程》第 11 条第（5）款规定，

---

〔1〕 参见《建立原型碳基金的文件》第 5.4 节。

〔2〕 1538 UNTS 3.

基金每位成员拥有与其认缴的股份数量相等的投票权。[1]

成员法定人数的要求已经逐渐不再成为问题；这是因为，无论是通过信托文件明确规定还是根据国际习惯法，成员可以通过代理人投票。[2] 然而，仍有很多文件规定了法定人数；[3]多数政府间组织和其他国际实体的做法是，用协商一致的方式通过决定。[4] 但是如果无法在这些文件中达成共识，执行机构的成员需要进行投票，并通常根据简单多数来决定。[5] 多数投票在许多信托基金中也很常见，[6]没有达成共识时投票是不可避免的。此外，信托基金执行机构拥有不召开执行机关会议而采取特定措施的权力，这也是一种普遍做法。这并不意味着执行机构有权在未经投票的情况下采取行动，而是可以在没有正式会议的情况下通过表决。[7]

第三节　受托人对捐赠国的义务

第一章和第二章讨论了国际法下捐赠国和受托人之间建立信托关系的各种法律基础。受托人与捐赠国之间的这种关系基本上属于契约关系，无论是通过多边条约还是通过双边协定，通过不具约束力的协定还是通过作为受托人的多边组织的决议。即使对于联合国安

---

〔1〕 参见 2007 年《欧洲投资基金章程》，OJL 173（1994 年 7 月 7 日）。

〔2〕 参见《欧洲投资基金规约》第 11 条第（6）款；《原型碳基金文件》s 5.7；《抗艾滋病、结核病和疟疾全球基金细则》第 7.1 条；《建立商品共同基金协定》第 21 条第（2）款。

〔3〕《关于设立改组后的全球环境融资的文件》要求经安理会成员 2/3 以上的赞成票通过。《欧洲投资基金章程》第 11 条第（7）款要求召开股东大会的法定人数不低于代表基金认缴资本的 50% 成员数。

〔4〕 参见《抗艾滋病、结核病和疟疾全球基金细则》第 7.6 条；《调整后的全球环境融资文件》第 25 条第（b）款。

〔5〕 参见《重建的全球环境基金协定》第 25 条第（b）款；《建立商品共同基金协定》第 21 条第（3）款。

〔6〕 参见《原型碳基金文件》s 5.4；《欧洲投资基金规约》第 11 条第（8）款。

〔7〕 参见《原型碳基金文件》s 5.6；《建立商品共同基金协定》第 21 条第（4）款。

理会或联合国大会,根据后者默示权力建立的信托基金也是如此;因为两家机构的明示和默示权力均以协议即《联合国宪章》为前提,其后才是这些机构与捐赠国之间的自愿协议。

国际货币基金组织、国际复兴开发银行等国际金融机构设立信托基金以筹集各国资金时,基金并非基于任何上述方式明确创建产生,也无须在第一笔捐赠到位或签署捐赠国协议后产生。虽然政府间信托基金确实需要签订信托协议才能生效,但信托基金的确可以通过受托人的单方行为而建立。这与普通法信托基金的情况有相同之处,普通法下信托基金可由委托人通过委托行为而单方设立。在国际信托中,协议决定了任命受托人的确定性,而非基金本身,即基金的产生可以通过受托人的单方行为而设立。这种观点的含义在于,在缺乏经协议任命的受托人时,信托基金将不存在,受托人的存在是捐赠国与信托基金之间的必要联系,同时,信托工具以某种方式由捐赠国建立。〔1〕 当然,捐赠国可以建立一个它们称为政府间信托基金的实体并向其存入资产,但在没有受托人且该实体不是国际组织的情况下,该实体仅是捐赠国的代理人而已。

另一个问题是捐赠国是否可以指定自己为受托人或共同受托人。协定对此将作出规定,而对于默示协议,这种可能性根据信托基金的职权范围来决定。这在普通法中是允许的。〔2〕 实践表明,在国际信托方面这种情况也并不罕见,但限于特定的职能。确切地说,本章中笔者已经考察了某些政府间信托,其中主要由捐赠国组成的执行机构

---

〔1〕 在普通法系下,未指定受托人并不会导致信托消灭。参见 Re Lysaght [1965] 2 All ER 888, Buckley J。

〔2〕 由于人不能与自己建立法律关系,因此,一般认为,一个人不得同时被任命为同一信托财产的唯一受托人和唯一受益人。因此,在多重受益人的情形下是可以的。设立信托的各方可以为了第三人利益就其中一方将承担受托人的权利和义务达成协议。参见 Fletcher v. Fletcher [1884] 4 Hare 67。同样地,委托人与受益人依据贷款条款或其他类似合同建立联系时,委托人可能自行承担受托人的角色。这种情况下,信托不是通过合同方式成立,而是由缔约一方在未来某个时点创建。

保留了支付政策、决定供资以及分配金融资产的决策权力；而在普通法中，这些职能一般归属于受托人。国际信托的变化很多，我们并没有试图确定这方面的一般规则，只根据惯例做法确定了以下事实，即捐赠国至少可以承担受托人的某些职能。无论普通法的规则如何，捐赠国可以承担受托人角色，它们被任命为受托人没有国际法障碍；虽然在评估这种性质的基金责任时，更易推定形成捐赠国的个人责任，而非信托基金的责任。同样地，作为单一捐赠国信托的受托人，任命捐赠国自身为受托人似乎也没有法律障碍；尽管实践中这类信托基金的单一捐赠国会将一个国际发展机构或开发银行指定为受托人，或者在涉及自然人赔偿的情况下，受托人由捐赠国代表及其他实体组成。然而，在这种情况下，与有多个捐赠国的信托基金不同，捐赠国很难就其代表信托基金而采取的行动而拒绝承担个人责任。

最后一个问题是信托本身的性质。信托根据条约（或涉及国际组织的文件）而建立，为何将这种关系描述为信托，而非代理或合同，对于受益人而言，物权（也称为所有权，或衡平法上的利益或衡平所有权）的缺失进一步加强了对这一问题的质疑。罗马－日耳曼传统的信托模式允许委托人对第三方受益人提出要求。在普通法下，信托产生本身就伴生了受托人与受益人之间的法律关系，受益人因其对信托财产的衡平法下的利益而享有对受托人特定的诉讼权利。直至20世纪中叶，关于这些权利是对物权还是对人权的争论仍非常激烈。前者是一项所有权，权利所有人拥有保护其权利的对世权。相反，对人权则产生于合同，只能针对特定的人。这两项权利在民法体系中有明确的界定。然而在普通法中，合同权利通过物权诉讼来保护的情形并不少见，导致一些人主张衡平利益是对人的权利。[1] 现行普通法中的立场是，衡平法利益是针对物的权利。

与普通法对应的信托基金不同，根据国际法建立的信托基金关系

---

〔1〕 See C. C. Langdell, *Brief Survey of Equity Jurisdiction*, 2 Harv LR, 1887, p. 60.

和托管程序是通过协定而建立的,不会在受托人与受益人之间或在捐赠国与潜在受益人之间产生明确的法律关系。受益人只有在与受托人签订支付协议并通过合同授予他们权利的情况下,才拥有对信托财产的权利。在此之前,他们并不具有对人权或对物权,对信托财产不享有任何衡平法利益的权利或基于合同的任何权利。因此,后续章节将关注受益权的可执行性。国际信托法中受益权的法律性质的不确定性,引起了关于国际信托基金是否更适合被称为机构而不是信托的问题。在普通法下,无论代理人还是受托人,均对受益人承担信义义务(fiduciary duty);普通法下两者区分的根本标准是,信托创造对物权而代理则只能创造对人权(in personam)。除捐赠国也是受益人的国际法信托基金外,其他情况下的国际信托基金普遍不被认为是代理关系。下面,笔者将考察委托机构指定受托人、捐赠国因信托运作而获得利益的特殊信托。

国际信托法的相对不发达,使代理关系与国际信托关系之间的界限难以界定。在国内法律体系中,成文法和法院明确规定了这一边界;无论捐赠国在共同协定中对法律关系如何界定,这一边界均是可操作的。在国际法中,尽管受托人不能对信托责任作出独立判断,捐赠国仍可能希望将相关的金融工具界定为信托基金,以避免承担个人责任或避免使捐赠服从于法院地的证券法律及国内税收政策。如果信托基金文件没有要求将资产或收入分配给第三方受益人而只是分配给捐赠国自身的话,情况就会变得更加复杂。

这正是原型碳基金所面临的情况。该项目在世界银行倡议下设立,目的是吸引发达国家的政府和私人公司以通过在发展中国家建立无碳项目的方法,赚取信用额来抵销其碳排放。这一想法具有创新性;所构想的信托基金由"三层治理模式"组成,顶层是两个同样强大的机构即参与者大会和参与者委员会。参与者大会具有大会的职能,有权审查基金和项目运作情况,并向受托人提供包括预算在内的基金业务一般政策和战略指导。[1] 参与者大会拥有绝对决策权,受托人需为参与者大会服务。原型碳基金的权力分配,与世界银行的一般受托人职能完全不同。参与者委员会只是参与者大会的另一种形式;它的任务是发挥更实际的作用,包括作出日常决策并执行参与者大会的政策和接受其指导。委员会仅由 7 名参与者组成;其中 4 名是公共部门的参与者,其余 3 名来自私人部门。这种结构较符合各方地位平等的原则;投票权机制则进一步加强了平等关系,规定对基金每一美元的资助可以在参与者大会获得更多一票的投票权。受托人持有信托资产,有权管理资产与签订有利于基金目标实现的合同。此外,受托人还被授权投资基金资产。

从原型碳基金的目标来看,它涉及双边关系而不是三边关系。典型的信托基金包括委托人(捐赠国)、受托人和第三方受益人;而原型碳基金没有受益人,因为参与国将资金注入基金以获得未来碳排放信用额。当然可以说,东道国通过参与者项目而从中受益。然而,这并不足以使它们成为基金的受益人。此外,作为受托人的国际复兴开发银行无权在参与者大会规定的权限外作出任何决定。基金文件将受托人的权力限于管理和实施基金的日常管理职能。此外,受托人决定分配程序的权力受到限制,且无权为了受益人的利益而自行采取行动。虽然受托人权力的限制是合理的,但是在其他的国际信托中,捐赠国并未期望从这些信托运作中获得财务上或其他利益。因此,有人质疑参与国的捐款是否等同于证券;如果被认定为证券,基金不再会被视为信托,而国际复兴开发银行的角色也将被解释为代理人。

因此,关键问题在于参与者的捐赠是否等同于美国联邦法律下的证券,其涉及投资交易或计划,投资者在该投资交易或计划中期望从发起人或第三方行为中获得可能的利润。[2] 鉴于原型碳基金参与者

---

〔1〕 参见《原型碳基金文件》第 5 条第(1)款。

〔2〕 SEC v. Howie, 328 US 293, 1946, pp. 298 – 299.

均希望从信托的运作中获得利益，必然会表现出 Howie 测试中证券的特征。[1] 银行和参与者均不希望自己的捐赠受到美国证券法的约束，没有人愿意在美国证券交易委员会注册。因此，国际复兴开发银行决定按照 1933 年《美国证券交易法》"私募豁免"进行基金的运作。[2] 但是，鉴于任何公开的广告均会涉及公开发行，[3] 很难证明对原型碳基金的豁免是正当的；因为世界银行发起过一项吸引参与者的全球活动，包括举办会议、广告和营销。后来，世界银行被迫修改了营销策略并限制所有可能会被解释为构成公开发行的行为，甚至取消了其公开网站，网站被仅供参与者访问的加密网站所取代。有观点认为，尽管原型碳基金具有代理或合伙关系的法律特征，但仍应被视为受国际法监管的信托基金；因为受托人不是营利性机构，且参与者均是主权国家。然而，这可能不是确定基金法律地位的最佳标准。基金应根据其职能、受托人及其参与者的法律人格以及购买抵销额度的国家地位进行评估。此外，基金的责任应根据一般国际法进行评估。如果基金运作的性质属于非主权行为，且仅为了参与者的商业利益，其所谓的公共、国际性质就不能成立。当然，基金的主权行为性质也因受托人及其缔约方的国际法律人格以及基金的环境目标而得到加强。

最后，即使原型碳基金运作所在国家认定它不是信托而是代理，且参与者的出资被解释为证券，这些国家仍可能同意根据国际法而视为信托。它们会考虑到基金受托人的国际法律人格而忽略基金的性质，也可能发现信托基金因其环境激励而有利于本国的利益。但笔者出于另一个原因，不愿将原型碳基金归为信托。《原型碳基金文件》第 8 章第 1(m) 节不排除受托人国际复兴开发银行："为自己的利益行事，并与任何人订立合同或进行交易，包括但不限于任何拥有与它不

---

〔1〕 SEC v. Banner Fund International, 211 F. 3d 602, DC Cir, 2000.

〔2〕 15 USC § 77(d)(2).

〔3〕 Koehler v. Pulvers, 614 F Supp 829, SD Cal, 1985.

作为受托人时可以享有权力相同的权力的参与人,国际复兴开发银行无须解释任何利润来源。”毫无疑问,这一职能与受托人的职能不相容,并可能引发重大的利益冲突,令人怀疑国际信托法在这种情况下能否适用。此外,这种安排与普通法不符,因为受托人不得与他负有义务的主体进行竞争,或从自身角色中获取任何利益。如果受托人获得信托资产或收益,即使信托没有损失,交易一般也是可撤销的。[1]本书认为,原型碳基金若滥用国际信托法下的信托程序,捐赠国和受托人的行为可能会导致它们承担自身的责任。

第四节　对受益人信义义务的法律性质

在将国内法概念应用于国际信托时应当非常谨慎。不仅因为存在普通法系和大陆法系关于信托概念的差异,还因为国际和国内法律关系的根本不同。差异之一是普通法通过非契约手段并在衡平法基础上产生了信托,而国际法信托基金则以条约或政府间组织的默示权力为基础。因此,对政府间信义义务的法律性质的考察,只能以信托基金文件以及受托人的政策为主导。

第一个出发点是条约法。根据1969年《维也纳条约法公约》,条约不能约束第三方。因此,信托基金协定不能约束那些没有批准该协定的实体或国家,除非接受这些条款或加入协定。[2] 此种情境下,不受约束的第三方是指那些最终将成为信托金融资产受益者的国家、政府间组织或个人。无论如何,包括受托人任命和受托责任的信托基金协定须具体规定受托人对受益人的责任。受益人的法律权利必须足

---

〔1〕 Aberdeen Railway v. Blaikie Brothers 1 Macq 461,1854,Lord Cranworth LC,p.471.

〔2〕 国际法信托基金的受益人可以是私人实体,这一事实将它们排除在1969年《维也纳条约法公约》的适用范围之外,因此受益人本国签署的条约约束受益人。

够精确，并赋予其可诉性和可执行性。[1] 信托基金文件或协议没有为受益人规定权利，事实上，它们严格限制受托人对受益人的责任。就世界银行而言，当它作为受托人时，以下标准条款已在其与捐赠国的管理协议中采用："银行将负责执行具体规定于本协议中的职责，且不会遵守任何其他对捐赠国的义务或责任，包括但不限于在信托法一般原则下可能适用于受托人的任何职责或义务。这一协议不应被视为放弃世界银行在其协定条款或任何适用法律项下的任何特权或豁免，所有这些条款均予保留。"[2]

世界银行通过该条款实现的目的，不仅将其角色限定在基金管理人范围，更重要的是，该条款拒绝对受益人的任何法律上可强制执行的信义义务。银行根据信托基金协议，只对捐赠国负责，[3]包括管理基金资产、适当注意、投资、审计和检查、向捐赠国和其他人报告的义务。任何国际信托基金协议，无论是多边的还是双边的，均未要求世界银行或其他受托人向捐赠国以外的利益相关方提供审计报告或其他报告。[4] 必须承认，主要原因是无法预先指定受益人。即使指明了受益人，捐赠国的意图也是受益人不应获得所有权。在授予所有权类似权利语境下，鉴于世界银行等受托人不承担责任，受益人只能转向捐赠国提出要求。但同样，信托协议也免除了捐赠国对第三方受益人的责任。这种境状使受益人处于某种困境，因为它们的权利实际上

[1] 如果信托基金属于自由裁量类型（如果委托人让受托人自行决定受益人），则不存在明显的受益人权利。

[2] 参见《英国－国际复兴开发银行采掘业透明倡议信托基金管理协议》附件I（标准规定）第1条。

[3] 在特殊情况下，国际复兴开发银行 OP 7.00 s 12，On Lending Operations：Choice of Borrower and Contractual Agreements（2001年2月修订）明确规定，"银行可以与其他在项目或目标的达成中有直接利益的实体签订协议。这些协议规定了各方的项目上的义务"。这表明银行有权通过合同与潜在信托受益人建立联系，尽管这并不意味着此类协议将提供可执行的受益人权利。

[4] 一个例外是《全球基金框架文件》第27条第（a）项第（iii）目的规定，世界银行作为受托人向"基金利益相关者整体报告基金的财务管理和资源分配状况"。

无法实施,唯一可使捐赠国或受托人对受益人负有义务的方法是通过合同的约定。多数信托中,受益人须首先向信托基金申请,才可能被视为在法律上有权要求获得利益。

区分管理协议(或委任协议)项下的信义义务与支付协议项下的信义义务至关重要。笔者已经阐述过,除非特别约定,受托人一般会拒绝在管理协议中对受益人承担信义义务。问题是信义义务能否来自支付协议。在这个阶段,接受援助者已被基金执行机构承认。对世界银行作为受托人的调查显示,支付协议一般也不具有明确的信义义务。毫无疑问,世界银行希望在免于受托人信义义务的情况下尽可能多地承担管理者角色并拥有决策权。它在实现这一目标方面具有的议价能力,建立在捐赠国对世界银行行政、投资和执行专业知识的信任、了解基础之上。此外,当受益人已确定时,即使银行受托人不对指定受益人承担明确的信托责任,但实际支付也可能产生一些信义义务。典型的如亚洲金融危机补助协议。该协议虽然规定收款方承担更多义务,但也提到受托人(世界银行)以收款方名义开立银行账户。收款方可以在补助协议规定的条件下提取资金;这显然是世界银行在支付环节中的义务,包括有义务完全、善意地履行捐赠协议所产生的义务。这无疑延伸了信义义务的范围。《联合国财务条例和细则》及其专门机构对此也未作出规定,这些国际组织的财务规则更关注组织内部、外部与捐赠国相关的问责机制。因此,这些文件显然不足以确定信托关系中的义务和权利。

世界银行的基础设施贷款的目的是减轻不发达状况,间接受益者是遭受不发达状况困扰的该国民众。因此,上述贷款产生了广泛的集体权利。为此目的而指定的信托财产不是契约性的。这里,受托人既非捐赠国的代理人身份亦非个人身份根据有关管理协议承担法律责任。此外,如果间接受益人,即领土内的居民,向受托人索赔,他们必须克服信托基金的豁免权。由于信托资产由世界银行或类似国际金融机构持有,金融机构合法所有的资产享有豁免权。

一种可能的解决办法是利用受托人对捐赠国所负的信托责任。在这种情况下,受益人可以通过捐赠国来挑战受托人的支付政策和具体行为;受托人在这方面的过失,意味着未履行合同所确立的信托责任。这并不是不合理行使捐赠国的合同权利;因为信托基金的建立,正是为了专门帮助某一特定类型的受益者,确保捐赠者的钱用于指定途径,符合捐赠国的预期。捐赠国也是联合国或世界银行成员方,银行是根据它们的指示设立信托基金的受托人。此外,在绝大多数情况下,捐赠国本身在信托执行机构中具有很大的权力,对向可能的受益人提供的待遇负责。但是,如果捐赠国是一个非国家实体,受益人对受托人提出索赔的假设,特别是在该捐赠国在信托执行机构中没有职位的情况下,无疑在政治上是合理的。

在第三章中探讨了信托基金在公司治理方面对广泛利益相关者的义务,委托协议和信托文件无法解决这一问题。从本质上讲,政府信托基金的目的不是为委托者或捐赠国谋利;因此,政府信托基金的执行董事会应当考虑利益相关方的利益,信托基金在国际法中的特殊地位与性质隐含地包含了这一意义。但是,这种对信托利益相关者的责任,无论构造如何,肯定不同于受益人权利。

一、指定受益人信托

实际上,并不存在指定受益人的政府间信托基金。然而,我们已确定了受益人不以实际姓名而是以阶层、国籍或其他指定而存在的三种信托形式,这些信托包括代际信托、自然资源信托和补偿信托等类型。在这些信托中,指定地区的居民可分享信托的资本或盈利。此外,笔者利用各国对本国自然资源享有所有权的概念,为这些基金的受益人权利提供理论基础。

自然资源永久主权的概念是作为非殖民化斗争结果而出现的。它包含两个方面的意义:一方面,它主张新独立的国家有权摆脱从殖民历史继承下来的繁重的特许权合同;另一方面,它同意国家及其民众对其自然资源享有永久主权权利，这些资源应当服务于国家发展和民众福祉。[1]

本书所探究的信托，是关于外部捐款，而不是关于国家与民众共享自然资源。对自然资源享有永久主权的概念有其现实意义。具体来说，针对主权国家境内资源设立信托基金，又通过信托基金管理资源开发及其收入，其中使用的一种模型就是代际信托。[2] 这种信托的受益者是几代人，因此产生了集体属性的代际权利。此外，由于慈善信托并不要求指定受益人，未指定受益人并不否定此类信托的地位。尽管如此，代际信托的基本属性，使确定具有执行权和诉权的跨国受益人变得非常困难。

国内自然资源信托基金受国内法监管，体现了对一国自然资源主权概念最大化的应用。阿拉斯加石油基金是一个典型基金。该基金的设立缘起于 1967 年北坡油田丰富石油矿藏的发现。《阿拉斯加州宪法》第 8 条第(2)款规定，该州公民是矿产主要受益人。在此基础上，阿拉斯加州永久基金(Alaska Permanent Fund，APF)于 1976 年根据宪法修正案成立。该基金并非典型的投资基金，它向所有阿拉斯加州居民支付股息，实施审慎的投资政策。该基金不用于满足该州的其他社会和经济需求，也不会向当地投资项目提供补贴或贷款。阿拉斯加州永久基金的资本来源包含三个方面：(1)1980 年前发现油田收益的 25% 和 1980 年后发现油田收益的 50%；(2)每年收益的一部分重新投资到资本中；(3)立法机构可决定将扣除股息、通货膨胀调节金后剩余的收益部分再投资于本金。额外收入还来自税收、特许权以及

〔1〕 参见《联合国大会第 1803(XVII)号决议》(1962 年 12 月 14 日)，《关于自然资源永久主权的宣言》生效部分第 1 段。参见 N. Schrijver, *Sovereignty over Natural Resources: Balance Rights and Duties*, Cambridge University Press, 1997。

〔2〕 代际信托是以伊迪丝·布朗·韦斯代际公平概念为基础的。根据这一概念，每一代人均有义务向后代传递与当代同等条件的自然资源与文化资源。参见 C. Redgwell, *Intergenerational Trusts and Environmental Protection*, Manchester UP, 1999, p. 71。

联邦政府出资。该基金由阿拉斯加州永久基金公司管理，是一家独立的公司，有独立的对阿拉斯加州政府及其公民负责的受托人董事会。[1]

最后，一些国家通过立法，将国家土地及其地下资源作为信托，但不建立正式的信托机构。例如，1978 年《尼日利亚土地使用法》第 1 条规定，“为尼日利亚人的共同利益，授权联邦各州州长以信托方式管理各州范围内的土地和矿物油”。该法案将授予各州的土地所有权与公众享有的受益所有权区别开来。尽管如此，上述信托关系只是一种说法而已；只有在不意图操纵和消除其他权利且受益人拥有真正权利的情况下，这种信托关系才是成功的、有益的。因此，这里的信托概念实际上被滥用，不会给普通的尼日利亚人带来真正的好处。

除分配地下资源收入外，部分国家信托基金还在人权和社会经济领域发挥着一定作用。2002 年，秘鲁前总统 Fujimori 政权普遍存在制度化腐败，秘鲁政府成立了对损害国家利益非法获取资金进行管理的特别基金（FEDADOI）。[2] 该信托基金的目的是没收秘鲁犯罪所得的非法资金。FEDADOI 被赋予关于没收资金分配的独家决策权。[3]《紧急法令》第 10 条对基金使用作出明确的规定，包括向受害者支付人权赔偿金，残疾军人和警察康复以及其他社会项目的支出等。

在另一种类型的信托基金中，受让人只包括特定阶层，且受让人具有名额限制。信托基金需要确定所有符合条件受让人的姓名，这些一般是国际组织或类似大型机构内的小型信托，且被指定特定的目

---

〔1〕 参见《阿拉斯加州基金法》第 37.13.40 条和第 37.13.50 条。

〔2〕 秘鲁第 001 - 2002 - JUS 号最高法令，参见 N. C. Navarro, *Fighting Corruption: The Peruvian Experience*, 4 JICJ (2006) 488, pp. 506 - 507。

〔3〕《紧急法令》第 122 - 2001 号，参见 N. C. Navarro, *Fighting Corruption: The Peruvian Experience*, 4 JICJ (2006) 488, p. 507。

标。一个例子是《国际刑事法院受害者信托基金条例》。[1] 该条例作为国际刑事法庭规约与程序规则的文本,规定信托基金资源仅向法院管辖罪行受害者及其家庭成员提供。国际刑事法院信托基金有若干限制。尽管受害者可以根据《国际刑事法庭规约》第 75 条第(1)款要求法院支付赔偿金,但针对信托基金本身并不存在这种索赔权利。尽管受托人不太可能拒绝向受害人支付赔偿金,但是如果出现这种情况,受害人不能向基金主张权利,只能在法院提起诉讼索赔。实践中,信托基金的董事会对以下事务拥有决定权:"根据法院判决利用资源,特别是涉及受益人范围和数额……如果法院判决没有附带说明,董事会可以自行决定资源的用途。"[2]

某些情况下,受害者可能对信托基金的赔偿不满意,并质疑该决定。相关规则中没有关于质疑的任何规定,信托规则或法院程序也不会作出规定;但一般认为信托活动应受到司法审查,包括信托内部管理行为。因此,在董事会有越权行为而违反法院判决或证据规则、基金程序的情况下,受害者可以以撤销赔偿决定为由向法院提起诉讼。

欧盟委员会设立的欧洲农业保障基金的主要目标之一,是"根据共同农业政策直接向农民支付"。[3] 若受益人因权利受到侵犯并以《欧洲共同体条例》规定的权利为依据提起诉讼,不能以欧洲农业保障基金或欧洲共同体委员会为被告,而只能针对受益人的相关国家提起诉讼,原因是支付行为仅在国家层面进行。该结论与欧洲农业保障基金前身欧洲农业指导和保证基金的实践相符,[4] 即欧洲农业指导和

---

〔1〕 参见《国际刑事法院 ASP/4 第 3 号决议》(2005 年 12 月 3 日);《受害者信托基金条例》。

〔2〕 参见《国际刑事法院 ASP/4 第 3 号决议》(2005 年 12 月 3 日);《受害者信托基金条例》第 43 段和第 44 段。

〔3〕 参见《欧洲共同体条例》1290/2005(2005 年 6 月 21 日);OJL 209/1(2005 年 8 月 11 日)第 3 条第(1)款第(c)项和第 11 条。

〔4〕 参见《欧洲经济共同体第 25 号条例》(1962 年 4 月 4 日);关于共同农业政策的资助 OJEC 第 30 号(1962 年 4 月 20 日)第 991 页。

保证基金成员方对付款行为独立承担责任。[1] 因此,即使欧洲共同体拒绝偿还这些款项或没有足够的财政资源,成员方仍存在支付义务。[2] 成员方对受益人的责任,源于他们在欧洲共同体委员会下的预算支出方面的监督和执行职责。因此,尽管本书所探讨的其他信托模型中责任(如果有的话)承担主体为管理和向受益人支付资金的机构,欧洲农业保障基金的欧洲共同体成员方将承担偿还或支付的责任,即使相关支出不被欧洲共同体委员会批准。因此,两个不同机构分别承担管理和支付职能,只有成员方对受益人承担全部责任。这一规则的唯一例外以及基金直接向受益人承担责任的唯一情况是,基金错误地适用了欧共体法律,而这个错误必须可归因于基金本身或另一个共同体机构。

(一)国际赔偿基金

国际赔偿信托基金以向特定受益人支付为宗旨;缔约方设立这些信托时,就相关违法行为的客观存在达成了一致看法。赔偿基金可以根据条约、安全理事会决议以及国家单方设立,多数是通过国内法和意向国参与而设立。这种信托基金以受益人为标的,且信托基金的资产以维护受益人利益为宗旨。受益人没有放弃权利的自由,这些权利反映在基金职权范围中。受益人可以选择拒绝索赔的方式,但可能导致丧失其他索赔权,因为这些赔偿信托基金类似于最终清偿协议。不能确定的是,对国家非法行为引起的索赔,能否以这种方式消除受益人的其他索赔权,特别是当受益人认为赔偿金和赔偿方式不公正的情况下。受益人国籍所在国法院在审查清偿协议的有效性方面起到决定性作用。

通过条约建立赔偿基金的典型例子是美国和马绍尔群岛缔结的

---

〔1〕 参见案例 93/71 Leonesio [1972] ECR 287 和案例 C-48/91 荷兰诉委员会 [1993] ECR 1-5611。

〔2〕 参见案例 99/74 Grand Moulins [1975] ECR 1531 与共同案例 89/86、91/86 Etoile Commerciale 和 CNTA [1987] ECR 3005。

《自由联合协议》。[1]《自由联合协议》规定，美国向马歇尔岛环礁岛民众提供赔偿金，初始资金为1.5亿美元，用于赔偿1946～1958年美国核试验产生的损害。双方缔结了执行《自由联合协议》的协定，该协定第1条专门规定了基金的设立。虽然马绍尔群岛政府有义务接受美国出资并设立基金，却没有被授予投资或支付决策权。决策权被授予私人基金经理，人选由马绍尔群岛政府提出，在美国政府批准下任命。尽管基金主要目标是补偿受害群体并维持岛屿适宜居住的环境，但并不是一个偿债基金，而是一个循环基金。部分股息通过拨款、信托或当地分配机构决定的方式分配给四个受影响的环礁。

（二）国际环境法特别受益权

过去20年间，许多国际环境法条约被视为国际信托；缔约方被视为受托人，并有义务将这些公约纳入国内法。典型的例子是1995年《保护海洋环境和地中海沿岸地区的巴塞罗那公约》，以下简称《巴塞罗那公约》。[2] 与发展和扶贫信托不同，除排放交易信托外，大多数环境信托基金的目标是通过为促进无污染技术和取代污染行业项目提供资金，给所有人提供清洁环境。显然，个人受益人不能指望获得这种权利可量化的个人份额。《巴塞罗那公约》如被视为信托工具，其规定了三种受益权。第一种受益权载于《巴塞罗那公约》第15条第(1)款，要求成员方确保向公众提供适当的途径，以获取有关公约适用领域的环境信息；这被称为受益人衡平法下的知情权。第二种受益权涉及受益人对执行《巴塞罗那公约》有关国家机制决策进程的衡平法下的参与权。第三种受益权载于《巴塞罗那公约》第20条，个人或非政府组织可以以观察员身份参加缔约方会议，这导致地中海行动计划与非政府组织之间正式的伙伴关系。这些受益人"权利"无法与信托

---

〔1〕 48 USC,1901.

〔2〕 OJ L 322/34（1999年12月14日）. 参见 E. Raftopoulos, *Stuclies on the Implementation of the Barcelona Convention: The Development of an International Trust Regime*, Sakkoulas,1997, pp. 2－3。

受益人拥有的权利相比较,但由于条约规定,这些权利可以针对缔约方强制执行。因此,笔者将它们归为特殊的受益权,尽管相关公约中建立的信托关系不具有国际信托基金法的任何特征。

二、评估和支付标准

信托基金一般对资产评估和支付标准不作规定,而是由信托基金执行机构或受托人根据商定的治理模式建立这样的标准。这些标准不能与受托人的机构规则或基本章程相冲突;不确定的是,它们是否必须符合国际法还是只需符合受援国的国内法。例如,与信托基金有关的国际法可能允许紧急情况和人道主义需要时作出差别安排,而受益人所在国的法律可能存在相反规定。同样地,尽管国际法对解决紧急人道主义危机的竞争影响不作规定,国内法却并非如此。为避免受益人根据国际信托法获得补助资金,却因国内法而被取消补助,信托基金与受援国签订有约束力的协议,以确保在法律冲突的情况下,信托基金的体制法优先适用,而受援国可能同时也是信托基金文件的缔约方。

在绝大多数情况下,信托基金收到的资金获取申请不仅是捐款申请,这就需要更多的专业知识对申请进行评估。出于这个原因,除决策机关之外,信托基金还会包括一个技术委员会,该委员会没有决策权,只具有咨询功能。评估和支付标准有助于维护透明度,并作为申请人的申请指南也明确提供了程序未被遵循的理由。

作为受托人的国际金融机构缺乏与上述标准相关的内部政策的情形并不少见,部分原因是不同的信托对申请的评估标准可能不同。因此,评估标准可以作为捐赠国或管理协议附件,[1]也可以在信托账

---

〔1〕《丹麦 - 国际复兴开发银行关于亚欧会议 - 欧盟亚洲金融危机应对基金的协定》(项目编号 TF020147,1998 年 11 月 10 日)附件 1,《适用于信托基金赠款的标准规定》第 1 ~ 2 条、第 4 ~ 5 条、第 10 条。

户创始文书中明确规定,[1]或者由信托管理机构或附属机构制定。[2]

尽管项目标准差别明显,但仍存在共性。例如,基金会根据优先顺序解决紧急问题。就全球基金而言,紧急申请涵盖解决受疾病影响最严重国家的药物、治疗及其他需求。另一个重要标准是确保和促进国家所有权或公众参与。

三、关于受托人义务的结论

如果可行,国际法体系下的信托最好与国内法的慈善信托相比较,两者的受益人在确认和支付方面均没有实际的权利。在国内法中,慈善信托的受益人不拥有衡平法下信托所有权,国际信托基金也是如此。就国际信托基金而言,受益人没有对物权,也没有对受托人的诉讼权利,特别是在受托人享有豁免权或有限责任的情况下。更重要的是,这些信托基金缺乏国际法的监管,当事人(捐助国和受托机构)排除了受益人拥有强制执行权利的可能。此外,正如在第一章中指出的那样,基于国际法而存在的这种信托关系,法律基础是捐赠国与受托人之间的协议,后者只对捐赠国负责,并非对受益人负责。捐赠国不对受托人行为承担责任,受托人则根据其与捐赠国的协议限定了自己的责任。人们会质疑这是一种避免责任的机制。尽管信托在国内法律制度中受到良好的监督,信托关系当事人均针对受托人享有充分的法律救济;但国际法下的信托完全没有监管,受托人似乎免除了对所有利益相关方的义务及责任,特别是世界银行等作为专业受托人的情况下。捐赠国和受托人内部约定它们之间的关系,且不受代理法约束,也没有提供向利益相关或受影响各方的救济。条约不约束第三方可以作为一项理由但并不充分,因为即使是在合同范围之外,信

---

〔1〕 参见国际货币基金组织建立多边债务减免倡议的文书,国际货币基金组织 13588 -(05/99)MDRI,2005 年 11 月 23 日,第 3 条第(2)款。

〔2〕 参见《全球基金框架文件》第 3 条、第 4 条、第 7 条。

托关系也可能影响到受益人第三方。因此,政府间信托基金的模式似乎只是虚构的小说。在实践中,从未有过捐赠国以外的人向受托人投诉或提出诉讼。

因此,笔者重申第一章中提出的概念,即国际法体系下的信托基金不能根据国际代理法或以普通法或民法下的信托概念来解释,而是国际法体系下特有的特殊工具。以下将讨论基金资产的所有权和受托人的一般责任。由于受托人根据协定对捐赠国承担义务,基金资产为受益人的利益而以信托的形式进行管理。受益人的存在,要求受托人不仅履行银行家的职能,由于信托基金为了特定实体而创立,也必须为这些特定实体利益行事。受托人的每项义务必须进行解释,以使其符合国际信托法,而不是符合代理法或其他合同关系。此外,对于政府间信托基金来说,受益人没有具体指定,但可能存在名额限制;因为,受益人必须符合资格标准,且有数量标准。[1] 受益人对受托人缺乏主张的权利并不能决定国际信托模式的真实性或合法性。从实际的角度来看,如果捐赠国起初就能确定具体的受益者,就没有必要建立信托,因为可以直接提供而无需中介机构了。

第五节　受托人的具体义务

笔者已经得出结论,受托人基于条约、协定向捐赠国承担义务。第一章曾说明,虽然关于受托人义务在与捐赠国的协议中有明确的规定,但受托人基于合同关系而享有广泛的默示权力。[2] 尽管没有一

---

〔1〕 参见《全球基金框架文件》第13条第(c)~(e)项和第14条;《多边债务减免倡议信托基金》第3段。

〔2〕 参见《全球基金框架文件》第1.5(e)章。另见本书第三章第七节,其中讨论了隐性权力的概念,但仅涉及信托基金法人,这与基金管理人的隐性权力不同。如果受托人享有信托基金的共同决策权,则受托人可以行使隐性权力。

般性的全球一致做法，但由于受托人角色涉及大量的管理(行政决策)职能，而且在签署协议后要履行这些职能，所以一些内容不被信托协议涵盖也属正常。信托协议很少会强制受托人在行动之前必须听取捐赠国的意见，尤其是对于受托人行使唯一决策权的信托基金。某些受托人义务以其默示权力为前提，如基于受托人在审慎投资方面的专业技能而赋予受托人的投资义务。

受托人默示权力的范围，只能通过对信托协议、信托管理文件以及国际信托法的目的解释来确定。以下各部分将考察受托人的这些义务，包括注意、投资、信托基金账户与其他账户分立、向捐赠国报告、财务审计、避免利益冲突、避免自我交易等义务。虽然政府间信托协议和信托文件的起草没有提出对国内法信托原则的考虑，但起草人难免会受到普通法原则的影响，包括大量的判例法。对这些原则的提及，是为了说明它们与本节所考察的国际信托受托人义务的相似性以及可能如何变通适用。毫无疑问，如果受托人和捐赠国就国际协定下的特定义务解释提起诉讼，法官或仲裁员将毫不犹豫地适用国内法，正如前南斯拉夫问题和卢旺达问题，国际法庭法官适用了国内刑法一样。国内法一般原则是国际法的渊源之一，也是国际条约解读的依据之一，因此这种做法具有合理性。国际信托协议的起草者希望将国内法原则移植到国际信托中。在着手解决上述义务范围之前，需要考察受托人持有的信托基金资产所有权的法律性质。

一、信托基金资产所有权

约瑟夫·戈尔德(Joseph Gold)在其1978年讨论信托基金资产的所有权问题时，将国际货币基金组织称为信托实体，该实体由国际货币基金组织作为受托人进行管理。他完全可以得出结论认为，作为受托人的国际货币基金组织拥有对基金资产的所有权，尽管这些权利在受托人与受益人之间是明显分割的。[1] 政府间信托基金缺乏衡平法上的受益权，不同的是，国际货币基金组织的受益人是协定条款的缔约方。因此，这就构成了一般规定的例外。根据一般规则，管理/捐助协议中不会指定受益人。世界银行信托基金业务政策或《联合国财务条例和细则》中就没有提及资产所有权问题。但是，应当承认，信托资产所有权在委托时转移至受托人是信托在国内法概念下的一般原则，这是一种特殊的所有权，该所有权是一种以信托方式持有的资产所有权。受托人是信托资产的法定所有人；直至受托人依据信托协议或在其他情况下，受托人将基金的资产交付受益人；信托法下受托人对基金资产以信托方式持有。在代理关系中，代理人（相当于信托关系中的受托人）并不拥有委托方授予他的资产，除非双方另有约定。信托所有权的一个优势是，在清算受托人财产和资产情况下，信托资产不会被清算用于向受托人的债权人偿付。

根据现行实践和现实考虑，将一般原则适用于国际法信托基金似乎是明智的。政府间信托基金的运作从第一个捐赠国将其出资转移至指定银行账户开始，尽管此前信托基金作为实体一般已经成立。该账户以受托人名义或基金名义归于受托人，受托人基于特定所有权而拥有该账户。对于有形资产特别是货币而言，资产从一个实体到另一个实体的转移，人们只能用所有权转移来描述。当然，转让人希望这种所有权存在于特定期限内且用于特定目的；因此，这种所有权是附条件的。所附条件反映了捐赠人意图，同样适用于受托人信托持有的资产。

大量实践表明，缔约方承认信托所有权的一般原则在其信托关系中是有效的。各种信托文件描述了两种类型的受托人所有权。第一种类型中，受托人被授权以其自己的名义设立账户，并将账户归于受

---

〔1〕 J. Gold, *Trust Funds in International Law: The Contribution of the International Monetary Fund to a Code of Principles*, 72 AJIL, 1978, p. 863.

托人。国际货币基金组织的信托文件即采用这样的做法。另一种类型包括基金职权范围或管理协议条款，受托人被称为“合法所有人并以信托方式持有基金资金、资产”。无论是否在信托文件中具体描述了所有权问题，如果当事方意图设立信托基金，信托基金资产的所有权则应转移给受托人。[1]

受托人拥有基金资产所有权，会引发两个重要问题。一个问题涉及基金届满结束或被终止时，所有权应如何处理。一般而言，管理协议应包含终止条款，设定信托项目的终止日期。终止条款一般规定剩余信托基金资产包括增值投资收入，应在终止后按比例返还给捐赠国。[2] 同样地，除非当事人另有约定，如果基金提前终止，第三方和受托人签订的任何协议在法律上将不受影响，特别是受托人为国际复兴开发银行的情况下。另一个主要问题涉及信托基金资产免受第三方的侵害。这是使用信托方式最重要的原因之一。受托人一般是政府间组织，如国际复兴开发银行或联合国专门机构。从信托基金资产转移时起，根据受托人与东道国签订的《总部协定》，上述资产将无须缴税。这一特权的适用范围可以扩大到与该组织或受托人达成协议的所有国家。[3] 除税收和其他特权外，信托基金的资产作为国际组织资产的组成部分，享有该国际组织的豁免权。虽然这可能构成对受托人豁免权的延伸，但许多管理协议和信托职权范围明确地包含了这种豁免权的延伸。这种豁免并非不受限制，豁免一般限于组织的公共行为（主权行为）。[4]

捐赠国与受托人国际组织签订捐助协议的做法，已经成为一项国际习惯法，包括信托资产由受托人以信托方式所有以及信托资产享有

---

〔1〕 参见《意大利反贫穷伙伴关系倡议信托基金协定》(2000 年 6 月 27 日)第 5 条。

〔2〕 参见《关于亚欧会议 – 欧盟亚洲金融危机应对基金的国际复兴开发银行/国际开发协会 – 丹麦协定》第 15 条第(a)项。

〔3〕 参见《联合国财务条例和细则》第 104.49(a)条。

〔4〕 Lutcher SA e Papel Candor v IDB,42 ILR,1967,p.138.

受托人特权和豁免权等原则。

二、保持独立账户的义务

作为国际信托法的基本前提,受托人须将信托财产与其个人财产、其他信托财产分立。《世界银行信托基金业务程序》及《联合国财务条例和细则》均规定,信托基金的账户应与世界银行或联合国经常预算及其他账户相分立。[1] 这项义务的确切含义很明确。除在评估特定信托基金增值和投资收益方面外,可能还存在其他理由来支持资产分立的合理性。

分立原则并不一定要求信托基金资产不得与受托人其他信托基金资产混合在一起。事实上,世界银行的管理协议中包含允许混合的标准条款,[2] 因为有时将信托基金资产混合可以产生更多的利润,这也是受托人审慎投资的义务。受托人持有大量资金,但分立成不同账户,并将有限资金投入到不同投资渠道,实际上将各账户资金合并为单一投资可以产生更多的利润。同样地,如果受托人在银行开立信托基金账户并向银行支付手续费等,则将多个基金置于同一账户下可能会节省成本。

因此,混合而分立的原则就变得至关重要。如果受托人获得授权并决定将各种基金资产混合在一起,仍有义务为每一信托基金编制财务报表并审计,以确保混同使用的资产既可以增加价值又能够相互分立。多个信托基金资产的投资收益,应反映每一基金的投资收益。另外,受托人可能会利用管理的资产清偿自身债务,尽管存在返还的意愿。但是这种行为仍违反了受托人不得自我交易和注意的义务;即使未对捐赠国造成损害,也违反了合同约定。

---

〔1〕 参见 IBRD BP 14.40 第 8 条第(b)项;《联合国财务条例和细则》第 6.2 条。

〔2〕 参见《关于亚欧会议 – 欧盟亚洲金融危机应对基金的国际复兴开发银行/国际开发协会 – 丹麦协定》附件 1(标准规定)第 6 条;《国际开发协会 – 德国关于德国顾问信托基金的协议》第 6 条。

以上可以看出，尽管信托基金资产转移至受托人合法所有，但除受托人须以信托方式和为受益人的利益持有资产外，这种所有权还存在一些法律上的限制，包括禁止资产混同以及信托资产与其他账户分立。这些限制佐证了受托人所有权的有限性。

三、注意义务

与信托条约所产生的其他义务一样，受托人对捐赠国负有注意义务。受托人履行义务的对象是捐赠国，涉及信托基金资产及为了受益人利益对资产进行管理。根据受托人获得的授权，这项义务包含受托人在信托基金方面的管理职责。这是一项总括性职责，需要受托人对其职责下的每项单独义务采取行动。简言之，注意义务涉及信托基金资产及管理的各个方面。管理本身包括许多具体的义务，如投资、账户分立及报告义务等。为了使注意义务更加具体，需要有注意义务的标准。关于受托人注意义务的普通法判例无疑具有重要的影响。对于政府间信托，笔者将揭示两种标准：(1)国际金融机构与捐赠国协议采用的客观性标准，该标准要求受托人像对待自己的事务一样尽到同等程度的注意义务；(2)合理性标准。《FSM/USA 信托基金协议》第12 条第(1)款中关于合理性标准的表述为："受托人在行使权力及履行为受托人职责时，应尽到合理审慎的注意义务和勤勉义务。"《世界银行关于信托基金的程序 14.40》第 8 条规定："银行在履行信托或管理协议下的职责时，应与对待自己的事务一样尽到同样注意义务，且不对捐赠国承担任何更多的责任。"[1] 客观性标准更可以量化；因为如果受托人将基金资产投资于某一项目，但项目本身并不符合投资人的投资需求，那么即使投资是盈利的，也会被认定违反了注意义务。合理性标准不会考虑普通人的做法。在此语境中，针对的是国家或国

〔1〕 另参见《美洲开发银行－挪威捐赠国建立反腐败活动基金的协定》第 3 条第(6)款；《全球环境基金重组文件》附件 B 第 5 条。

际组织。因此,它指的是在特定背景下行事的国际法人机构行为的合理性。因此,可以比照同一受托人对相类似基金的管理以及其他受托人对类似基金的管理来衡量其合理性。为了合理性标准的应用,可能有必要确定与国际信托基金管理有关的商事习惯法,尽管世界银行、联合国均不太可能像私人那样进行投资,也不会像在同一商业领域活跃的私人主体一样管理事务。

注意义务涉及应遵循成本效益要求来管理基金。如果采用客观性标准,可能发现受托人先后做法不一致,其运营策略没有发挥作用,在这种情况下,还须采用合理性标准进行测试。《世界银行的业务政策 14.00》规定,世界银行只接受能以成本效益方式管理的信托基金。同样地,受托人可以要求当事人在委托前寻求共同融资。前述讨论过受托人将多个基金资产混合或存入单一账户的可能性——尽管每项资产均有单独记录——以确保每一信托基金的成本效益。同样地,在第二章中,笔者讨论了国际货币基金组织和联合国秘书长等受托人如何在最低限度的治理结构和银行账户形式下建立信托基金,以避免过高的管理成本。

在使用及支付基金资产过程中,受托人须保证资产不被盗用、不当分配或滥用。需要建立并保持恰当的记录,对执行机构工作进行监督。对世界银行而言,将根据其业务政策并在客观性标准基础上进行评估。最后,受托人须作出必要安排,以避免作出超出其可用基金资源的承诺,同时还应避免利益冲突。

四、投资义务

投资义务涉及两个相关联的义务:(1)投资义务。此义务不仅根据受托人职能而产生,也是根据受托人与捐助人协定产生的义务。(2)审慎投资的义务。该义务产生的前提是存在协议规定或以客观性标准为基础。这种“审慎人测试”自 19 世纪末得到普通法的承认,在

Re Whiteley 案和 *White v. learoyd* 案中得以确立。[1] 在投资信托资产时，受托人须尽到被授权为他人利益投资的一个谨慎的人需尽到的注意义务。这似乎意味着应排除风险投资（损失概率高，收益也很高的投资），但债券、股票的风险在不同时期会有不同的解读。美国银行家协会信托部门采用的《标准审慎人投资法案》可以证明这一事实，该法案为金融工具或其他可能的投资设定价值，且一般要求遵守审慎人规则。根据该规定，受托人在美国被允许出售价值将呈指数上升的信托资产，这对于资产多样化而言是必要的。

就政府间信托基金而言，在没有具体协议的情况下，受托人没有义务按照国内原则进行投资。本书讨论的信托一般属于偿债基金和循环基金。国际信托基金均需要投资，在偿债基金中，一定时间内，基金须完全用尽投资收益和原初资本。就循环基金而言，虽然资本和投资收益也可能受到减损，但补足机制可以保持基金的规模，受托人有义务通过持续补充资本来产生新的收益。相当于捐赠国约定的年度捐款、贷款或投资收益的资本化。

受托人承担的投资义务可以按以下两种方式进行：（1）条约明确规定的方式；（2）受托人的经营策略或基金职权范围默示规定。鉴于金融市场的波动性、国际货币的不稳定性及贬值可能，在某些情况下，即使产生了良好的收益，但风险也增大。正是出于这一原因，国际复兴开发银行作为受托人，以便利用它们的专业知识尽可能以最好的方式投资。此外，投资义务要求信托基金不能仅依赖捐赠国，受托人费用可以通过投资收益偿付，而不是通过额外捐赠或以基金资本偿付。由于受托人被允许混合各种信托基金资产，因此，它们能将资产合并投资以产生更大收益。

信托基金的主要作用，是通过受托人向受益人支付收益，投资是

---

〔1〕 Whiteley v. Learoyd, [1886] 33 Ch D 347; Whiteley v. Learoyd, [1887] 12 AC 727.

其次位考虑。因此,根据每一信托基金的支付计划,受托人可以选择长期或短期投资的策略,指导原则是保证信托基金的短期、中期的流动性以及成本考虑。联合国的投资政策采用了长期、客观标准,其投资目标是:"尽量减少主要资金的风险,同时确保满足组织所需的流动性。还应在实现最高合理回报的基础上选择投资,并符合联合国的原则。"[1]

不同的是,国际复兴开发银行没有规定对其信托持有资产进行投资的策略,而是适用信托基金的一般投资方针。[2] 在评估投资项目时,世界银行的经济分析旨在确定项目是否能够创造更多的经济收益。另外,根据客观性标准,世界银行处理信托事务的方式应与处理自身事务的方式相同,如此,即使投资导致信托基金损失,世界银行也无须承担任何责任。捐赠国可与受托人就投资协议达成共识,虽然这一做法在世界银行实践中并不常见。世界银行认为,就其与成员方和借款人的合同安排而言,其业务政策和操作程序是不可分割的一部分。因此,与捐赠国协议的约定应符合世界银行的投资法则。

低风险或无风险投资不一定是每一信托基金的最佳选择。如果协议中没有提出特别要求且双方同意,受托人可能也会进行风险更高的投资。一个典型的例子是图瓦卢信托基金。该基金是根据英国、澳大利亚、新西兰和图瓦卢之间的条约成立的,旨在促进图瓦卢的金融稳定和长期财政自治。[3] 《关于图瓦卢国际信托基金的协定》第12条规定,作为受托人的基金董事会应制定投资准则,确保基金的资本投资于均衡的组合。基金资产主要通过股票、固定收益和现金的投资组合投资于澳大利亚资本市场。

基金再投资是指信托基金收益成为基金资本的过程。除非有相

---

〔1〕 参见《联合国财务条例和细则》第104.12(b)条。

〔2〕 参见《世界银行投资业务经济分析手册》(1996年5月)。

〔3〕 参见《关于图瓦卢国际信托基金的协定》(1987年6月16日)。

反规定，一般而言，许多管理协议和信托职权均会规定受托人须履行再投资义务。[1] 即使没有具体规定，例如，世界银行的文件，但由于存在投资授权，受托人对投资收益进行再投资也是不言而喻且具有实际意义的行为。

五、利益冲突及自我交易

信托关系的一个固有特征，是受托人须避免将自己置于与信托基金之间的利益冲突之中，还应避免将信托置于与捐赠国、第三方的冲突中。这项义务的一个特殊方面是禁止自我交易和履行忠实义务。

当一个人有权决定本人的某项申请能否得到批准时，就存在利益冲突。在信托基金中，这种情形并不罕见，特别是受托人拥有唯一或共同决策权的情况下。在这种情况下，受托人应该放弃基金项目申请，或者在决定过程中回避。如果受托人拥有唯一的行政权力，或者其在共同决策委员会的弃权在法律上不可行，则第二个选项不能成立。世界银行信托基金业务政策要求银行不得接受建立、管理可能存在利益冲突的信托基金。[2] 鉴于一些信托基金在治理方面的复杂性以及受托人（如联合国和世界银行）存在较多的关联实体和机构，不应排除这种可能性，即受托人未注意到潜在的利益冲突。因此，申请人向受托人提出申请时，申请人应当说明其与受托人是否存在关系以及何种关系（如有）。当然，如果受托人不具备此类决策权力，则不会存在此类利益冲突。

除自我交易或受托人向自己或附属机构提供基金出资外，避免利益冲突的义务拓展至受托人决定可能危及基金权力和目的的情况，一般会涉及受托人接受捐赠的权力等。受托人的机构运作政策以及多数管理协议明确对此作出规定。《联合国财务条例和细则》第 3.11 条

---

〔1〕 参见《关于图瓦卢国际信托基金的协定》第 15 条第(1)款。

〔2〕 OP 14.40, Art 4.

规定，秘书长可以接受捐款，但须符合（联合国）组织的政策、目标及活动。同样地，《关于图瓦卢国际信托基金的协定》第10条第（2）款规定，如果基金认为不符合该基金的最佳利益，或者不符合图瓦卢的最佳利益，基金可以拒绝接受捐赠。

对于原型碳基金而言，由于受托人国际复兴开发银行与碳基金东道国存在双重关系（国际复兴开发银行成员和项目所在国），出现了某种关系的扭曲。一方面，国际复兴开发银行是基金资助项目东道国的借款方；另一方面，银行对基金的参与方东道国也负有义务。因此，国际复兴开发银行与东道国承担着两种相对立的义务。国际复兴开发银行显然不可能同时满足两者，但显而易见的是，它的参与对于原型碳基金至关重要。如果达成妥协解决方案，国际复兴开发银行将继续作为受托人发挥作用。参与国与私营实体也可能存在利益冲突，面临此类利益冲突的参与实体应向受托人披露，受托人可以建议上述实体回避参与该项目的审议。[1]

自我交易还涉及另一种信托交易类型，即受托人利用信托基金购买其拥有的其他实体的财产或股份。这种自我交易在国内信托法下一般是无效的，尽管也存在一些例外。在国际信托法中，鉴于受托人职能的特殊性，有一个更为令人信服的理由来说明为什么应禁止自我交易，即引起了利益冲突并最终可能滋生腐败。如果受托人，特别是在被赋予支付决定权的情况下，可以自由地向自己拥有或控制的机构拨款，则信托关系会崩溃。

最后一个问题涉及受托人与捐赠国之间签订的支付协议。因为主体不同，在支付方面应不受禁止自我交易规则的约束。然而，受托人由捐赠国任命是否可能引起利益冲突，答案是否定的，由于信托的特殊性质，受托人以独立身份履行其职能，而非以捐赠国代理人身份。受托人通过向特定捐赠国对支付进行承诺以换取受托人地位，将直接

---

〔1〕 参见《原型碳基金协定》第17.2条。

违反受托人的信义义务，但与利益冲突无关。

六、报告的义务

鉴于受托人对信托基金的管理职责，受托人负有向信托基金执行机关提交财务报告的合同义务。如果不存在执行机构，则直接向捐赠国履行该义务。信托关系的性质要求，财务及其他报告义务不仅向执行机构或捐赠国作出，还包括对基金的利益相关者履行报告义务。不过，这些义务须在合同中作出规定。

受托人的报告义务范围很广，不仅包括基金管理的财务问题，还包括监测和评估义务，为检查已支付资金是否实现预期目标，受托人还应根据信托文件或管理协议承担其他义务。信托文件可以允许受托人将其部分监督职能委托给其他实体，但受托人负有向捐赠国或其他利益相关者提供信托财务报告的最终义务。

受托人的报告应由基金执行机构或外部审计师进行审计。审计一般由私人认证的会计师事务所进行。特殊情况下，如联合国秘书长担任信托基金的受托人，其财务报表应提交给联合国审计委员会。[1] 审计委员会应将审计结果提交至联合国大会。这方面不存在自我交易的问题，因为审计委员会完全独立于受托人，并且全权负责审计的进行。

管理协议或信托文件（包括赠款协议）一般会要求受益人维持适当的财务管理系统，包括记录和账户系统以及编制反映业务、资产和支出的财务报表。[2] 如果受托人未被授权评估、监督受益人的财务管理系统，则不需要在其财务报告中提供或核实这些数据。但是，如果存在此义务，受托人须评估和审计此类数据的真实性，并向捐赠国

---

〔1〕 参见《联合国财务条例和细则》第6.5条。

〔2〕 参见《伊拉克国际重建基金世界银行职权范围》第8条；《南苏丹－国际复兴开发银行关于南苏丹医疗卫生系统发展保护计划的赠款协议》（2006年3月23日）附件1第5条。

报告。这项义务可能包括计划监测和评估部分,受托人对所资助项目是否达到了预计目标进行评估。[1] 对于大型信托基金而言,这一角色可能委托其他方代理,但不免除受托人的责任。

第六节 捐赠国对受托人的义务

尽管受托人对捐赠国负有主责任,但事实上,受托人只是通过与捐赠国的协议履行其责任。在大多数情况下,受托人对信托运营拥有控制权,因为捐赠委员会实际上无法投资、监督及支付基金的资产,而捐赠国则有权决定信托基金的整体政策。基于惯例,捐赠国有两项应向受托人承担的义务:补偿管理成本和管理费用。

关于管理费用,《世界银行业务政策》第8条规定:“世界银行应回收管理信托基金的成本,同时考虑从中直接给银行带来的利益。”伊拉克重建基金国际协调机制信托基金(世界银行)明确区分了成本补偿和管理费支付:“银行的管理费在0.2%至2%的范围以内,该费用将在世界银行伊拉克信托基金的捐款存入时扣除。”一般来说,世界银行的技术援助项目管理费为0.4%,投资与共同出资项目的管理费为0.2%。费用本身将在基金捐款中扣除。[2] 但《联合国财务条例和细则》中没有要求支付超出成本的管理费。[3]

关于成本补偿,受托人一般会向信托基金收取所有项目相关的成本费用。实践中,成本回收和受托人管理费支付不是单独的交易,为降低交易成本,在大多数情况下受托人直接从信托基金的账户中扣减。

---

〔1〕 参见《丹麦－国际复兴开发银行协定》第12条。

〔2〕 参见国际复兴开发银行主席向伊拉克国际重建基金世界银行信托基金执行主任提交的备忘录(2004年1月14日),第17页。

〔3〕 参见《联合国财务条例和细则》第105.11条。

在某些情况下，受托人收取与业绩有关的费用。国际复兴开发银行在与捐赠国的协议条款中规定了这一点，如《原型碳基金协定》规定，在原型碳基金运营的前 10 年中，国际复兴开发银行有权获得与绩效挂钩的高达 100,000 美元的费用。此项费用根据基金在上一财政年度的表现计算。这笔款项的金额由基金参与者委员会决定，并在决定时考虑开发项目数量与质量、遵守标准以及受托人管理基金成本效益等指标。[1]

---

[1] 参见《建立原型碳基金的修订和重述文书》第 11.3 节；《国际复兴开发银行第 99 - 1 号决议》。

第五章　国际信托基金的社会功能

第一节　引　　言

国际信托是一种金融机制，本身不构成权利而是授予权利；同样，国际信托不包括保护环境的行动，而是建立有助于各国减少碳排放的机制，最终形成更清洁和可持续的环境。因此，国际信托应该视为国际法权利和义务的推动者。

国际信托基金可以实现具体的社会功能。例如，可以促进国家民主治理的能力，促进参与式民主。作为受益者的民众积极参与公开透明的信托基金，应在公共生活的各个方面实现公开和透明。利用信托基金财富分享的机制，也许还可以平息邻国之间或者敌对地区的争端。迄今为止，国际信托的使用已经避免在一些世界敏感地区发生冲突的可能性。经济上强大的国家在过去40年中建立了国际信托基金，协助小岛屿国家发展和管理公共预算。这些试验大多数均取得成功,特别是在透明度、审慎管理占据重要位置的情况下。被援助国家最终没有在财政上永久性地依赖捐赠国,而是获得了充分的经济独立。此外,信托基金在减轻全球金融危机方面也具有潜力,例如,2008 年的次贷危机。

信托基金最重要的功能是为环境和发展融资。例如,环境公约为发展中国家提供激励措施,以便发展中国家参与环境公约。除信托基金外,其他任何工具均不能向捐赠国和所有预期受益人提供同样的服务。例如,在碳排放交易方面,第一个信托基金的成功极大地刺激了工业化国家与国际复兴开发银行之间的竞争。同样地,在国际实践中,各国已经逐渐放弃单方向受援国提供资金的方式,发达国家更倾向于联合汇集大量的财政资源,通过受托人将这些资源加以利用。在可以由联合国或开发银行管理信托基金(而非捐赠国本身)的情况下,信托基金更具有优势。

第二节 信托基金和参与式民主

信托基金与民主价值的实现没有直接关系,但作为工具,它们可能为包容性权利作出贡献。新兴国家和转型社会的问题之一是国家治理过程缺乏公众的参与。缺乏公众参与或者将民众排除在外,易滋生腐败、透明度不足、公共财政危机等弊端。但要使民众在其国家决策中发挥积极作用,可能存在以下困难:第一,决策权仍属于地方当局机构,而不是归属于民众。第二,向发展中国家强加这种模式,会构成侵犯内政的风险。第三,鉴于总体上缺乏实际经验,并且发展中国家可能存在缺乏教育、贫穷、安全等问题,因此存在执行困难方面的问题。

本节重点介绍参与式民主的两个特定方面,这些方面可能与信托基金的作用有关。第一个涉及参与式预算编制过程,第二个涉及信托基金作为促进参与性治理的工具。

一、参与式预算

通过参与式预算，被治理者直接参与财政预算环节，决定公共财政的使用以及税收征收范围。参与式预算最初发生在巴西地方政府层面，后被巴西250多个城市采用并被全球20多个国家采纳。这不是一个仅靠颁布法律就可以快速实现的过程。事实上，这是一个缓慢的过程，而且必须从社区层面寻求参与者的积极参与。此外，应一开始即须明确界定地方政府和参与者的责任以及各自角色。规则必须涉及参与者的意见，而不仅仅是由政府设计。参与式预算一般涉及可支配资源的支出，在贫困城市里，可自由支配资源的支出可占到预算的0~15%。参与者来自各行各业，并且有各种各样的理由参加这项活动；非政府组织之所以这样做，是希望实现其计划目标，私营企业希望支持当地商业，而个人则希望实现社会正义的梦想等。在实际参与方面，根据规则的设计，投票可以通过社区代表投票的方式或全民投票的方式。[1]

本节主要阐述将信托基金和参与式预算模型融合到一个单一的机制中，使外国援助受当地所有权的影响。在涉及国家公共财产境外投资的主权财富基金中，包括自然资源信托基金，没有一个包含参与式预算的内容。主权财富基金的治理缺乏参与式预算，其中一个理由是，它们的投资目的不包括可自由支配资源。国际信托基金很少承认当地参与的重要性以及受影响人在基金预算和分配决策过程中的重要性。尽管如此，根据《全球基金框架文件》第5条第(24)款第(a)项和第28条第(a)项，[2] 董事会是基金最高管理机构，由20名有表决

---

〔1〕 See A. Shah, *Participatory Budgeting: Public Sector Governance and Accountability*, World Bank Publications, 2007.

〔2〕 参见《全球基金框架文件》(2002年1月18日)。

权的成员和4名无表决权的成员组成。在有表决权的成员中,7名来自发展中国家,8名来自捐赠国,其余5名来自民众社会和私营部门。[1] 私人利益相关者在参与信托基金预算时,因为无表决权而只是作为一个观察者参与。

对于多边捐赠基础上设立的重建或发展信托基金,一项建议是在其管理文件中写入允许增加参与式预算的规定。这可能涉及参与预算政策决策过程的利益相关者,但并不涉及采购或支付过程,因为后者可能会产生潜在的利益冲突。鉴于设立此类基金的绝大多数国家是发展中国家,这些国家的民主权利相对较少,民众难以在决策中发表意见。信托基金中使用参与式预算,不仅可以减轻目标国潜在的干预,还可以为当地民众提供权力。此外,它还将迫使现任政府采取负责任的行动,作为民众的平等伙伴并进行对话,从而强化市民社会的民主性。在这种考虑下,国际捐赠可以采用信托基金的形式,并充分认识到参与式预算在民主建设中的重要性。

二、参与式治理和地方所有权

参与式治理的概念与参与式民主的概念一样古老,实际上前者是后者的组成类型。如同参与式预算一样,它要求民众参与特定政府职能的决策过程。可以采用多种方式实现这一目标,例如,政府权力下放和利益相关者参与不同治理层面的决策。参与式治理的前提是两个先决条件:(1)政府愿意与民众分享一些决策职能;(2)政府放松对特定机制的控制,使其对公众开放,赋予参与者真正的决策权。

参与式治理是每个信托基金的首要主题和政策目标,并通过地方所有权要求来表达。地方所有权意味着除信托管理和支付决策外,与信托的运作及其实施相关的其他职能均掌握在受援助的社区中。地方所有权涉及地方当局、商业协会的参与,可能包括向受益人支付的

---

〔1〕 参见《全球基金框架文件》第7.1条。

行为。地方所有权的概念并不排除受援国政府运营信托基金的职能。事实上,信托项目的发展进程并不会由捐赠国决定,最终会转移至受援国及其政府手中。[1] 从本质上讲,政府是支付信托资金的重点和集结点,但绝不是唯一合格的接受者。这是对地方所有权原则的一般理解。然而,越来越多的情况是,由于受援国对项目进程的制约以及民众社会和其他利益相关者的边缘化,导致地方所有权概念已经出现了扭曲。这一概念的目的不仅是避免只通过中央政府引导资金,更重要的是赋予受援助社区权力,从而使项目可持续进行。实践中,基金在这方面的做法并不相同。全球基金赋予了私人利益相关者预算投票权,[2]伊拉克国际重建基金设施所阐述的原则与私人利益相关者无关,该基金强调捐赠活动在伊拉克政府的领导之下。[3]

本书将地方所有权理解为政府对项目的实施。这种表达与全球基金关于赠款受益人信托协议的情况形成鲜明对比,后者明确指出,公共和私人的当地利益相关者将完全拥有实施权,包括对赠款收益的管理。在袭击印度尼西亚的灾难性海啸之后建立的亚齐和北苏门答腊基金,其背后的捐赠人坚持在声明中表示,受援国政府必须为整个复苏计划建立一个强有力的治理结构,包括信托、管理者和利益相关者等结构。[4] 本书不主张地方所有权必然要求赋予民众充分的决策权,这可能破坏有效的代议制民主,还有可能造成混乱。国际社会的共识明确表明,地方所有权作为一个过程也始于中央政府。总之,管理外部捐助的工作应当落在受援国政府身上,受援国有义务鼓励民众

---

〔1〕 See R. M. Lastra, *Legal Foundations of International Monetary Stability*, Oxford UP 2006, p. 423. 作者将国家所有权定义为“由负责制定和执行政策的国家官员对政策方案承担责任”。国际货币基金组织承认,对于能力有限且倾向于履行所有相关项目义务的国家,国家所有权具有局限性。

〔2〕 参见《拨款收受人的信托协议》(2003 年 7 月 1 日)。

〔3〕 参见《伊拉克国际重建基金职权范围》(2003 年 12 月 11 日)。

〔4〕 *Prospectus of the Multi-Donor Trust Fund for the Indonesia Disaster-Related Recovery Program*, 2005, p. 3.

参与这一进程。国际捐赠界应认识到信托基金的潜力，以便在受援国引入参与性治理。

第三节　信托基金在收益共享和财政管理中的作用

解决自然资源分配及收益分享问题的基本原则是公平划分。[1] 这一基本原则反映在许多国际性文件中，其统一主题是承认当事方对有关国际自然资源的使用和收益权利，这些权利在原则上是平等的。[2] 虽然不能说信托模式是每一个案例的最佳机制，但在缺乏民主、腐败盛行、利益各方相互存在强烈敌意时，可信赖的第三方信托基金可以成为一个良好的缓冲区。

与内部冲突背景下的收益分享不同，财政管理一般不适合外部干预。财政管理的首要原则，是财政系统必须有助于管理和减轻宏观经济的不稳定性，并以公平有效的方式分配财政资源。在需要国际援助或国际金融机构贷款的情况下，财政管理会变得国际化。在这种情况下，出借人或捐赠国均需要确保贷款可以偿还的担保，以及受援国同意并保证实施与预算管理有关的改革措施。出借人或捐赠国也可能要求向特定项目和群体分配资源。因此，这种性质的贷款或捐款存在条件性。[3] 发展中国家长期以来不同程度地接受了发达国家和国际组织的援助，包括捐赠、减免债务、特权贸易待遇和特权贷款等。除在饥荒或自然灾害的紧急情况下所提供援助作为捐赠外，其他形式的援

---

〔1〕 UK v. Iceland, ICJ Rep(1974)3, pp. 31 – 35.

〔2〕 参见《关于国际水道非航行使用法的条款草案》;《国际法委员会第四十六届会议工作报告》;第 49 届大会《联合国大会正式记录》第 10 号文件，联合国文件 A/49/10 号(1994 年)，第 31 页。

〔3〕 S. I. Skogly 区分了经济和政治制约性，认为世界银行的协定禁止强加政治制约。国际货币基金组织却并非如此。

助都是契约性的，且对受援国提出需满足的条件。这些条件对受援国财政、货币、立法和政治生活可能产生重大影响。近年来实践中出现一种趋势：世界银行的贷款协议由于注重财政管理并往往以此作为贷款条件。在乍得石油收入管理计划中，世界银行要求乍得政府设立一个外部监测信托基金，以管理和分配其石油勘探和管道运输产生的特许权使用费。[1]

第四节　财政稳定信托基金

削弱国民经济的金融危机不一定仅从该经济领域发生，各国家经济体均须努力实现国际收支平衡。同时，无论国家规模大小，也均需要维持政府组织、法院运作、公用事业的机制和国家财政。防止国家破产唯一的手段是外国援助，小岛屿国家在独立初期也是完全依赖于外国援助，而国际金融机构则可以通过信托基金来提供援助，协助国家保持财政稳定和进行有效财政管理。

一、信托基金与2008年次贷危机

全球信贷危机于2008年9月在全球范围内爆发，一些国家考虑建立国家或欧洲信托基金，为银行系统提供流动性，并通过银行系统向经济运行提供流动性。2008年10月8日，欧洲国家领导人为此商定了共同的原则，考虑到面对2008年信贷危机需要立即采取行动，建立一个单一的统一欧洲信托基金是一个非常有吸引力的选择。

国际货币基金组织在2008年国际金融危机期间的作用同样重要，该组织通过协助各国短期国际收支来应对全球金融危机。国际货币基金组织在本质上是一个信托基金，如其协定第1条所载，其目标

〔1〕 参见《国际复兴开发银行－乍得贷款协议》附表5第3条第(a)项。

是提供国际货币合作与汇率稳定。2008 年 10 月初,许多国际货币基金组织中的发达成员方呼吁捐款,以向受影响最严重且无法应对危机的国家提供贷款。一般情况下,国际货币基金组织的资金有 4 个来源:(1)成员方向国际货币基金组织按配额提供的资金,配额以特别提款权(Special Drawing Right,SDR)计价,是国际货币基金组织的账户单位;[1]配额的大小非常重要,决定了成员方在基金中的投票权以及未来可从基金借款的最高金额。(2)一般借款协议。国际货币基金组织的成员向基金提供与市场利率一致的特定数量的货币;[2]国际货币基金组织通过一项决定,赋予自己呼吁非成员方在基金资源不足,可能“威胁国际货币体系稳定”的情况下特别捐款的资格。[3](3)1994年墨西哥金融危机之后,国际货币基金组织执行理事会通过一项决定,建立所谓的新借款协议(New Arrangements to Borrow,NAB)。[4] 新借款协议在国际货币基金组织和工业化国家之间建立了一套信贷协议,主要为了使国际货币基金组织在一般借款协议下持有的资产数量翻一番。国际货币基金组织决定与冰岛、乌克兰和匈牙利签订备用协议,以解决短期国际收支短缺问题。[5] (4)通过信托基金形式组织的融资工具。贷款信托基金以市场利率从中央银行、政府和官方机构借入资源,将其转让给符合贷款资格的国家。消除贫困和

---

〔1〕 配额分为若干部分,各成员自动享有不超过初始出资 25% 的权利。在就稳定计划进行谈判并由国际货币基金组织通过其协定规定的备用协议后,可以获得最后三笔贷款。

〔2〕 参见《国际货币基金组织执行董事会第 1289 -(62/1)号决议》(1962 年 1 月 5 日);参见 J. Gold, *Symmetry as a Legal Objective of the International Monetary System*, 12 Int'l L & Politics, 1980, p. 424。依据一般借款协定向国际货币基金组织提供贷款并不被视为合同,而是一种备用协议。这反映在与沙特阿拉伯的联合协议中;参见《货币基金组织执行董事会第 7403 -(83/73)号决议》(1983 年 5 月 20 日)。

〔3〕 参见《国际货币基金组织执行董事会第 7337 -(83/37)号决议》(1983 年 2 月 24 日)第 21 条第(b)项。

〔4〕 参见《国际货币基金组织执行董事会第 11428 -(97/60)号决议》(1997 年 1 月 27 日)。

〔5〕 See *IMF Set to Lend Ukraine* 16. 5 *Billion*, *In Talks with Hungary*, IMF Press Release, 2008; *IMF and Iceland Outline* \$2. 1 *Billion Plan*, IMF Press Release, 2008.

债务减免均与财政稳定有关,这也是国际货币基金组织参与的主要原因。

二、稳定信托基金

国家的经济基础是公共资源和收入的来源。经济基础和实际收入均受到内生和外生因素的影响。虽然可以通过审慎投资在一定程度上管理和预测外部因素,如国际价格波动、货币贬值等,但是对小岛屿国家和弱势经济体产生更大影响的是内生因素;特别是体制上的弱点,例如,管理不善、税收低效以及公共支出增加。有人提出,合适的政策和健全的公共机构比资本更重要。[1]

本节中,笔者将探讨两种类型的稳定基金:(1)小规模经济体的多边稳定基金,主要指太平洋上的小岛屿国家;(2)为解决财政问题和应对资源问题设立的国家稳定基金。后一种类型的许多基金通过国家资源收入提供资金,但有些基金则是从国际金融机构获得资金,因而具有国际特色。

(一)多边稳定基金

图瓦卢信托基金成立于1987年,由一个董事会管理,董事会由4个缔约方代表以同等身份组成。董事会担任基金的受托人,并得到咨询委员会的协助。该委员会的职能是向图瓦卢政府提供有关经济发展以及基金影响的咨询意见。该基金的目的是通过为政府的经常性开支提供额外的收入来源,从而为图瓦卢的长期财务可行性作出贡献。基金的最初资本金为2710万澳元,分别来自英国、新西兰、澳大利亚、图瓦卢、日本和韩国。[2] 20年后,图瓦卢政府成为该基金的最

---

〔1〕 See R. Duncan and S. Pollard, *A Framework for Establishing Priorities in a Country Poverty Reduction Strategy*, ADB Working Paper Series No. 15, 2002.

〔2〕 See B. Graham, *Trust Funds in the Pacific: Their Role and Future*, Asian Development Bank, 2005, p. 39.

大捐赠国。[1] 根据协定内容,董事会负责任命基金管理人,董事会制定投资指引,确保基金资本投资于均衡投资组合。政府可在议会批准的情况下从中提取资产。经过20年的运作,成果令人瞩目。在2008年前,基金的平均回报率为每年9.3%,平均实际回报率为每年6.2%。1986年,政府的经常性收入为380万美元,至2007年年底,经常性收入的预算为2080万美元,增加了1700万美元,即增加了550%。这一成功反映在图瓦卢的基础设施、教育、医疗保健和其他领域上。

(二)国家稳定基金

厄瓜多尔在一系列金融危机之后,于2000年通过立法建立了石油稳定基金(FEP),以促进本国的美元化进程。该国法律规定,石油收入超出总预算的45%用于石油稳定基金。2005年超出预算水平的非石油收入也纳入了石油稳定基金。然而,该基金并没有取得成功。奎瓦(Cueva)提出了以下几个原因:(1)频繁更改基金管理规则,缺乏明确和可执行规则来避免过度使用自由裁量权;(2)信托基金旨在划拨资源,特别是社会和资本开支,而不是储蓄或平衡机制;(3)财政分权和薄弱的预算编制过程导致中央政府面临流动性问题,地方政府则持有过剩流动性,被称为纵向财政不平衡。缺乏真正的预算透明度进一步阻碍了这一进程。

智利铜基金是一个成功的案例。该基金并不具有直接的社会前景,但它实现了作为稳定基金的目的,以下因素决定了它所取得的成功:(1)铜占智利出口收入的8%;(2)加强预算问责制;(3)充满活力的民众社会和民主治理。相反,1998年委内瑞拉成立的宏观经济稳定投资基金(FIEM),因为受到了基金规则不断变化的影响,且缺乏民主

---

[1] See *Tuvalu Trust Fund Board*, *Twentieth Anniversary*, UNDP (August 4, 2020), http://regionalcentrepacific.undp.org.fj/Files/Publications/TuvaluTrustFundProfile.pdf.

制度和独立监督而受到阻碍。[1]

第五节 捐赠效应

如果信托基金模式无法促进经济增长,则对其推广是毫无意义的。进一步说,尽管信托基金具有诸多优点,如打击腐败、促进形成稳健的财政管理以及建立收入分享机制,但是如果信托基金模式的推广导致对外国援助、捐赠的持续性依赖,这一模式将无法实现总体发展以及《联合国千年宣言》设定的发展目标。信托基金长期存续的特点,如落后国家的信托基金模式,容易损害建立本地的金融系统、结束对外依赖的动力,也正因如此,在如图鲁瓦、基里巴斯和密克罗尼西亚等国的信托基金运作中,捐赠国均为捐赠项目设定了期限,期限届满后受援国须实现自给自足。

当信托基金事实上成了一国经济的基石,成为社会不可或缺的一部分时,就会被人们视为是他们"自己的"财富。所谓"捐赠效应"实践结果表明,相对于租赁取得或占有,人们会认为自己拥有的事物有更高价值。[2] 若这一论断正确,在信托基金中这意味着受捐助国和国民更倾向于财政保守。这与小型岛屿国家信托基金的情况相差不大,反映了经济学家们称为信托基金的"理想生命周期",例如,一旦基金建立并开始增值,基金自身可利用资源将逐渐增加而外国捐赠将逐步减少,最终将不再需要外部捐赠。

成功的案例经验表明,尽管具有明显的缺点,双边和多边的财政

---

〔1〕 See Bantekas, *Natural Resource Revenue Sharing Schemes (Trust Funds) in International Law*, p. 43.

〔2〕 See R. Thaler, *Toward a Positive Theory of Consumer Choice*, 1 Journal of Economic Behavior and Organization, 1980, p. 39; W. M. Hanemann, *Willingness to Pay and Willingness to Accept: How Much Can They Differ?*, 81 American Economic Review, 1991, p. 635.

信托基金表现很好并确实对财政增长可以发挥作用。

第六节　信托基金与反腐败

本书的主题之一是帮助受援国摆脱缺乏透明度的财政和政府对外国援助的依赖。国际信托基金的根本逻辑也基于此。国际货币基金组织、国际复兴开发银行以及捐赠国拒绝为没有保障的国家提供资金正是基于这一原因,受援国、借款国须签订协议,即使在已经是世界银行会员国的情况下,世界银行依然要求这些国家对国内经济、财政政策作出立法和结构方面的改变。这一性质的条件被加入国际货币基金组织与匈牙利、乌克兰在2008年后签署的协议中。我们知道,一些被用于稳定财政的基金捐赠国要求财政管理应当审慎、可靠,还应当对捐赠国和当地民众保持透明。财政透明孕育了政府治理的透明,进而促进了民众社会的建设和加强公众参与,使政府治理真正对民众负责。这不是一次性的努力,而是捐赠国在受援国为其建立了一个可持续循环,一个没有腐败、自给自足、自力更生的国家。基里巴斯和图瓦卢信托基金是财政对外依赖的国家最终实现财政独立的典范,也是实现政府管治透明的典范。1987年《图瓦卢国际信托基金协定》第20条规定:“(1)图瓦卢政府需要将从基金获得的资金当作图瓦卢公共财政对待,并且接受议会的监督。(2)图瓦卢政府应当在收到请求后向董事会和咨询委员会提供和图瓦卢国家预算和预估情况、年度账户总审计师报告(包括任何总审计师有权要求提供的信息和文件),以及由图瓦卢政府掌握的金融、社会和经济数据相关的全部信息、文件。(3)图瓦卢政府应当确保与基金有关的账户和(年度审计)报告及时交付给图瓦卢议会。(4)图瓦卢政府应当确保立法实施并能够确保本条第一至第三段的义务生效。”1987年《图瓦卢国际信托基金协定》第21条和第23条进一步为年报的独立审计规定了复杂的流程。在基金管理机制涉及所有捐赠国、董事会、独立基金经理、独立审计师以及图瓦卢议会的参与的情况下,腐败的发生概率是微乎其微的。

相对于成功的图瓦卢模式而言,大多数位于发展中国家的主权财富基金和自然资源稳定基金更倾向于把信托基金和它们与国际投资者的契约关系置于私法管辖之下,而非公法管辖之下。如果信托基金及其交易被置于公法管辖之下,那么合同与预算行为要接受议会的审查、批准或者法律的通过,这将会导致披露的后果。相反,国家财政和外国投资的私法化,意味着这些内容将不会进行公共讨论。这些案例一般以合同法的意思自治为依据,因而双方可以选择全部或部分地不披露合同。[1]。如果政府通过法律决定收入不需要公之于众,那么符合逻辑的下一步就是收入也不需要出现在国家的年度预算中。这样的收入就不会进入正常的预算中,而可能进入特别预算中。特别预算无须经议会公开通过,无疑是违宪的,同样,议会通过一项保密的预算也违反了宪法性原则。

对于发展中国家、政局不稳国家,将信托资金交付于独立受托人意味着资产在其整个信托存续期间归属于受托人。这意味着政府无法占用基金或根据国内法逃避其对捐赠国或世界银行的义务。充分的证据表明,合理地应用国际信托模式,可以有效地抑制腐败并促进民主治理模式的建立。

第七节　减少贫困效应

对于发展中国家而言,接受援助、国际贸易发展以及外部债务免

---

〔1〕 See R. M. Antoine, *Confidentiality in Offshore Financial Law*, Oxford UP, 2002, p. 23.

除，可以使国家调用金融资源用于其他领域。[1] 国际信托基金可以帮助解决这些问题。例如，国际货币基金组织重债穷国倡议就是以帮助世界上最贫困国家减少外部债务为目的的信托基金。同样，国际复兴开发银行的乍得—喀麦隆管道项目及基金帮助乍得政府加强财政管理以及吸引外国直接投资。大部分国际信托基金均向贫困国家输送援助。2002 年《蒙特雷共识》第 39 段政府发展援助（Official Development Assistance，ODA）的重要作用被描述为"……是一种对其他发展资金来源的重要补充，尤其是对那些不善于吸引私人直接投资的国家。政府发展援助可以帮助一个国家在一定时间内达到国内资源调配的足够水平，同时人力资源、生产率和出口能力均得到提升。政府发展援助在为私营部门活动创造有利环境方面发挥至关重要的作用，也能因此为强劲增长铺平道路。政府发展援助还可以支持教育、健康、公共基础设施、农业与农村发展与增强食品安全。对于许多非洲国家而言，最不发达国家、小岛屿国和内陆发展中国家，政府发展援助依然是外部援助的最重要来源，对实现发展目标和千年宣言目标或其他国际发展目标共识具有重要的意义。"

实践中，信托基金已被用作进行政府发展援助及其有效落实的主要工具。例如，发展中国家为实现普及初等和中等教育通过在 2002 年《蒙特雷共识》和千年发展目标（The Millennium Development Goals，MDGs）阐明的原则基础上设立两个不同的信托基金而获得大量资金。教育计划发展基金为发展分析和规划提供小额捐款，催化基金（Catalytic Fund）提供实施教育计划的短期捐款。[2] 世界银行作为两个基金的受托人。国际援助和资源的协调，特别是通过信托模型，有能力带来巨大变化并打破恶性循环。

---

〔1〕 See M. Salomon, *Casting the Net Wider Human Rights, Development and New Duty Bearers*, Intersentia, 2007.

〔2〕 See Overseas Development Institute, *Report on the Education for All-Fast Track Initiative: An Embodiment of the Paris Declaration on Aid Effectiveness*?, 2001.

信托基金仅仅是对各种政治承诺进行实际表达的机制。设立信托基金不会使捐赠国产生对受援国发展进程作出贡献的永久义务,尽管旨在实施各种政治承诺的信托模型暗中实施了所谓的发展权。[1]但这种集体权利是不明确的,且没有以具有约束力承诺的形式详细阐述。笔者已经论及,在世界银行担任受信托基金受托人的情况下,受益人有权向世界银行监察组提起集团诉讼。[2] 这应视为实现发展权及其他社会和经济权利的一项特殊权利。

第八节 信托环境基金

为处理环境问题而设立的政府间信托基金可能是国际资金的最大受援领域。笔者重点关注了其中最重要的一些信托公司的法律人格和运作方式,例如,全球环境基金和原型碳基金。以下两节将重点介绍环境融资的两个方面。第一部分涉及信托基金为国际环境项目筹资的手段和方式,特别关注共同但有区别的责任原则。第二部分考察在《京都议定书》对《联合国气候变化框架公约》的激励作用下全球碳基金的使用情况。这些信托基金不仅为工业化国家提供重大的经济利益,同时可以解决全球贫困和环境退化的问题。

一、共同但有区别的责任和增量成本融资

与旨在为参与国创设权利、义务的条约不同,环境条约制度不能仅依靠发达国家保护全球环境,更需要发展中国家的积极参与。但是,参加这类条约会涉及大量成本,因为条约通常要求缔约方放弃污

---

〔1〕 See *Declaration on the Right to Development*,《联合国大会第 41/128 号决议》;P. Alston,*Making Space for New Human Rights*:*The Case of the Right to Development*,1 Harvard Human Rights Yearbook,1998,p. 3;A. Sen,*Development as Freedom*,Knopf,1999。

〔2〕 参见本书第三章第七节。

染技术或工业,可能对放弃国家造成灾难性的短期财务后果。因此,发展中国家并没有动力加入国际环境条约制度。[1] 发达国家意识到,在环境领域不仅采取对抗措施不可行,而且发展中国家必须获得财政激励才能放弃污染工业和技术。[2] 这种想法促进了环境融资机制的发展,使发展中国家能够加入环境条约。两项基本原则构成了政府间环境融资的基本原理。第一个原则涉及发展中国家为国内落实环境条约义务所需要的必要的"能力建设"。[3] 能力建设涉及颁布单独的环境立法,并涉及无污染技术取代现有技术的转换、逐步淘汰依赖旧技术的专业、行业。同时,也涉及机构的能力,专职人员负责制定国家实施计划、措施以及非政府部门的参与能力。能力建设为每个国家特有的义务,反映了每个国家对可持续发展战略与优先事项的安排。同时,这是一个持续和渐进的过程。[4] 一般而言,实施或遵守环境条约义务所产生的成本可称为增量成本。为实现全球环境效益而产生增量成本的一个例子,是采用煤基技术的国家使用更先进的太阳能技术,太阳能技术产生发展所需的电力,同时符合环境标准。选择太阳能而不是煤炭的行动,增加了成本,也避免了排放温室气体,既符合国家能源发展目标,又保护国民免受污染。在这种情况下,增加成本与减少温室气体排放的全球环境效益直接关联。

另一原则是"共同但有区别的责任",这一原则在《里约宣言》中得到了确立。[5] 基于该原则,由于发达国家对自然资源的过度开发

---

〔1〕 See S. Schuppert, *Economic Incentives as Control Measures*, in F. Morrison and R. Wolfrum eds. ,International,Regional and National Environmental Law,Kluwer,2001,p. 861.

〔2〕 See N. Matz, *Environmental Financing: Function and Coherence of Financial Mechanisms in International Environmental Agreements*,6 Max Planck YBUNL(2002)473,pp. 474 -478.

〔3〕 1992 年《里约环境与发展宣言》第 9 条;《国际粮食和农业植物遗传资源条约》第 13 条第(1)款第(c)项。

〔4〕《气候公约第 2/CP 号决定》;《马拉喀什协定》附件 1,发展中国家能力建设框架,第 5.6.10 段(2000)。

〔5〕 1992 年《里约环境与发展宣言》第 7 条。

和对全球环境恶化的影响,对发展中国家提供环境融资是合理的。[1]

在共同但有区别责任原则的基础上,发达国家对资助发展中国家的增量成本在《联合国生物多样性公约》第 20 条中得到证明,其内容如下:

(2)发达国家缔约方应提供新的和额外的财政资源,使发展中国家缔约方能够履行本公约义务,支付议定的实施措施的全部增量成本,并从其条款中受益,并根据政策、战略、计划优先事项和资格标准以及缔约方大会确定的增量成本指示性清单,由发展中国家缔约方于第 21 条[《联合国生物多样性公约》金融机制]所述体制结构确定费用……

(3)发达国家缔约方还可通过双边、区域和其他多边渠道向发展中国家缔约方提供与执行本公约有关的财政资源。

(4)发展中国家缔约方在多大程度上履行其在本公约下的承诺,将取决于发达国家缔约方关于其在本公约下与财政资源和技术转让有关承诺的执行,并充分考虑到经济和社会发展以及消除贫穷是发展中国家缔约方首要和压倒一切的优先事项。

(5)各方应充分考虑最不发达国家在资金和技术转让方面的具体需要和特殊情况。

很明显,发展中国家增加成本的资金必须考虑到每个国家的情况。在《联合国生物多样性公约》下,为参与发展中国家提供增量成本的资金是强制性的。《联合国生物多样性公约》缔约方会议的下一步是采取与优先事项、可交付标准和缔约方捐款水平有关的政策和战略。一般情况下,从发达国家筹集的财政和其他资源可能不足以实现

---

〔1〕 See L. Rajamani, *The Principle of Common but Differentiated Responsibility and the Balance of Commitments under the Climate Regime*, 9 Rev EC & Int'l Env L, 2002, p. 120.

《联合国生物多样性公约》的目标。一种选择是降低预期水平和项目资助范围,但这将破坏多边环境协定的基石,因为环境影响和问题是系统性的,因此需要一种整体性的方法;另一个选择相当简单,即聘请愿意为提供剩余资金的外部实体,例如,国际农业发展基金。[1] 理论上,多边环境协定可以规定,成员方提供的财政资源应纳入一个由缔约方会议管理的独立信托基金,无论本身作为受托人,还是通过一个外部受托人。另外,缔约方会议一般不具备所需的全部专门知识和手段。因此,决定缔约方会议将向管理公约财务资源的信托实体发布指导意见。这无疑是缔约方会议的理想选择。与其他类似的环境条约一样,《联合国生物多样性公约》第 21 条的标题为"金融机制",不应误导人们认为金融机制的实体是受托人。同样地,信托机制的实际受托人是缔约方会议,是在缔约方会议的授权、指导下的一个机制。就《联合国生物多样性公约》而言,最初指定的金融机制是全球环境基金。[2]

尽管多边环境协定和全球环境基金之间的合作具有明显优势,但并非没有公平分担的问题。首先,全球环境基金的基础文件虽然包含在生物多样性有关的环境项目中,但它明确规定,资金只能用来解决协商确定的全球环境问题。[3] 这在某种程度上与缔约方会议的战略相矛盾。根据该战略,项目应尽可能促进在次区域、区域和国际层面建立合作。根据《联合国生物多样性公约》,全球环境基金不是缔约方,全球环境基金按以下方式定义增量成本:"相关成本是递增的,而不是总成本。全球环境基金活动的成本应与其替代或冗余的活动的成本进行比较。全球环境基金资助活动的支出和替代或冗余活动成本节约之间的差额是增量成本。"因此,为了衡量增量成本,必须估计

---

〔1〕 参见国际农业发展基金是《防治荒漠化国际公约》的指定融资机制。《建立国际农业发展基金的协议》于 1977 年通过。

〔2〕《生物多样性合约第 I/2 号决定》。

〔3〕《全球环境基金重组文件》第 1273 页。

活动支出和由于全球环境基金而不再需要的活动成本节约……成本节约与未来国家可持续发展活动的预计基线有关。一个合理的基准线有几个重要特征：(1)它解决了国家发展目标；(2)技术上可行；(3)这是一个具有经济吸引力的行动方针，与政治和社会保持一致；(4)在环境上是合理的；(5)在财政上是可行的。增量成本还取决于替代活动(如全球环境基金)的选择。

从表面上看，为发展中国家的增加成本筹措资金是值得的做法。但也有一些经济学家认为，目前，其应用未能保护全球重要的栖息地，且将大部分保护成本从发达国家转嫁至发展中国家。[1] 总体来说，鉴于多边环境协定和全球环境融资迄今为止的成功合作，它们之间的政治和体制差异不应被过分强调。此外，全球环境基金在作为多边环境协定的金融机制以外，还为其他环境项目提供资金或联合资助。

二、信托与温室气体排放

全球都在致力于将温室气体排放的有害排放物降至最低，这是《联合国气候变化框架公约》及《京都议定书》的成果。在此之前，国际社会对全球气候变化做法的特点却是参与者的不团结和分裂。[2]《京都议定书》之前的文件解决了通过应对空气污染来保护大气层的问题，但没有涉及全球气候变化。新一代的条约设定了稳定大气中温室气体浓度的基本目标，以防止人为干扰全球气候系统。[3] 鉴于限制温室气体排放关系到所有国家，各方同意，在分担成本的基础上，根

---

〔1〕 See G. Labbate, *The Incremental Cost Principle and the Conservation of Globally lmportant Habitats: A Critical Examination*, 65 Ecological Economics, 2008, p. 216.

〔2〕 以下文件证实了这一观点：《联合国禁止军事或任何其他敌对使用环境改造技术公约》(1977)；《欧洲远距离越境空气污染公约》(1979)；《进一步减少硫排放奥斯陆协议书》(1994)；《臭氧层公约》(1985)；《关于消耗臭氧层物质的蒙特利尔议定书》(1987)；《欧共体关于温室效应的第 89/C/183/03 号决议》(2009)；《关于全球变暖和海平面上升的宣言》(1989)。

〔3〕 《联合国气候变化框架公约》第 3 条。

据共同但有区别的责任原则,依据公平理念来确定各参与方应承担的义务。发达国家有义务限制其排放和保护温室气体,还有义务支付发展中国家因交流执行《联合国气候变化框架公约》而产生的有关费用以及与转让技术有关的费用,帮助发展中国家克服气候变化的现有不利影响。

《联合国气候变化框架公约》下的《京都议定书》为发达国家赋予了基本义务:保护水池和水库,提高可持续农业和能源效率以及限制和(或)减少温室气体排放。[1]《京都议定书》还包括发达国家对6种温室气体排放量不超过特定水平的承诺,“指定的数量”要求工业化国家在2008～2012年将总排放量在1990年的基础上逐步减少5.2%。《京都议定书》并没有为所有参与国制定统一的减排目标,而是对各个国家制定了不同的减排目标。正如《联合国气候变化框架公约》的情况一样,发达国家有义务为发展中国家增加的费用提供捐赠,包括技术转让的费用,发达国家缔约方之间适当分担负担。[2]

《京都议定书》在要求工业化国家减少温室气体排放的同时,还建立了灵活执行机制,以促进其他国家的排放交易。国际碳排放交易(International Emission Tracle, IET)机制是一个很好的例子。工业化国家可以自由买卖指定数量的单位(Assigned Amount Units, AAU),或从其他缔约方获得超出其减排目标的排放信用。因此,有盈余的国家可以出售给未能实现减排目标的国家。这种交易是对其他国内减排行动的补充,但不能作为替代。

《京都议定书》建立的第二个灵活机制是联合实施(Joint Implemention, JI)机制。因此,工业化国家允许签署协议,以便与任何一方就减排单位(ERU)进行交易。私营实体可以参加联合执行机制,但必须由有关国家负责。

---

〔1〕《京都议定书》第2条。

〔2〕《京都议定书》第11条第(b)项。

《京都议定书》建立的第三个灵活机制是清洁发展机制(Clean Development Mechanism,CDM)。通过该机制,工业化国家能够在发展中国家建立减排项目。发达国家的动机在于,项目减少的排放量单位(所谓的核证排放单位),可用来计算它们自己的目标排放量遵守情况,以期获得更多的排放信用。

这些项目无疑将在发展和环境保护两个领域协助发展中国家,然而,清洁发展机制需要监督机制,因为存在滥用和腐败的可能性。因此,各方同意,相关收益由当事各方和东道国发展中国家分享,机制本身的运作由执行董事会监督。

原型碳基金和《联合国气候变化框架公约》基金均由国际复兴开发银行作为受托人进行管理,这是实施清洁发展机制信托基金的典型例子。这些筹资机制均需要东道国的事先批准。使用信托工具很大程度上是出于实际考虑。一方面,受托人的费用一般是根据每一项目累积的百分比来计算的,或者根据项目的规模计算固定的费用。参与者必须预先支付初始捐款,捐款的数额决定参与者的投票权。这种方式避免了与自愿认捐承诺有关的许多弊端。排放交易具有多边性质,通过信托基金,资金流动得到集中管理,参与者对所资助项目的环境可行性具有发言权。

在《京都议定书》框架内,欧盟是第一个设立排放交易计划(ETS)的国家,是当前世界范围同类计划中规模最大的。[1] 在计划的第一阶段,排放交易计划涵盖大型电力和热力发电行业以及某些能源密集型产业的二氧化碳排放。参与的行业被要求放弃欧盟排放配额或其他碳信用额,以抵销当年的其他二氧化碳排放,因此,配额或信用不足

〔1〕 欧盟根据《京都议定书》及2003/87/EC号指令建立了“共同体内部温室气体排放配额交易计划”。

的设施须为超额排放支付罚金。[1] 碳基金在排放交易计划设立之后如雨后春笋般涌现,尤其是以原型碳基金、生物碳基金、意大利碳基金、丹麦碳基金、欧洲复兴开发银行的多边碳信贷基金、日本碳金融等形式出现。

根据《联合国气候变化框架公约》制定的相关标准,由独立专家对某一特定项目的碳减排信用进行评估。受托人协助这些程序的验证、核实和核证,将每项计划所达成的议定减排额,由接收人转交原型碳基金参与机构。受托人须与东道国签订有关协定。在发展中国家,减少碳排放规划项目涉及大量的研究和组织工作。碳信托基金(如原型碳基金)的目标之一,不仅是为工业化国家的工厂实现碳信用,同时包括如下内容:

……基于项目的碳减排交易如何推动和促进国际复兴开发银行成员中发展中国家和转型经济体国家的可持续发展;第二,与《联合国气候变化框架公约》缔约方和其他有关缔约方分享受托人和参与人在基金运作过程中获得的知识。在这一运作过程中,就基于项目的减排交易的指导方针、模式和程序进行协商;第三,展示国际复兴开发银行如何与公、私部门合作,为其借款成员方筹集新的资金来源,同时解决全球环境问题。[2]

排放交易机制的特殊之处在于,它致力于普遍缺乏市场激励的全球问题的市场解决方案。这些机制建立在新自由主义基础之上。《京都议定书》第二阶段的谈判应以此为基础。建立一个单一的、全球性

[1] See Communication from the EC Commission, *Building a Global Carbon Market*: *Report Pursuant to Article* 30 *of Directive* 2003/87/*EC*, Doc COM(2006)676 Final, 2006, pp. 3 -4.

[2] See G. Handl, *Multilateral Development Banking*: *Environmental Principles and Concepts Reflecting General International Law and Public Policy*, Kluwer, 2001.

的信托基金或许是非常合适的,该基金将致力于管理财政资源、为发达国家和发展中国家提供资金、产生和转让更清洁的技术,并监测碳排放。

就目前而言,扩大环境事务中的托管制度是可行的,特别是在国内或国际信托基金将民众作为受益人的情况下。可以采取与目前在全球环境融资和全球基金范围内所采用的方式大致相同的公、私伙伴关系的形式。通过正式机制,例如,设立具有强制性管辖权的法庭或诸如世界银行视察小组这样的机构,授予可能受益人以法定地位,会更有助于为环境信托提供进一步的法律效力。此外,国际论坛的影响力、非政府环保组织以及学者们的积极行动,对于促进负责任的政府间环境决策也发挥了巨大的作用。

图书在版编目（CIP）数据

国际法体系下的信托基金 / （英）里亚斯·班特卡斯著；伏军译. -- 北京：法律出版社，2021
（外国信托法经典译丛）
书名原文：Trust Funds under International Law：Trustee Obligations of the United Nations and International Development Banks
ISBN 978 - 7 - 5197 - 5761 - 8

Ⅰ. ①国… Ⅱ. ①里… ②伏… Ⅲ. ①信托基金－国际法－研究 Ⅳ. ①D996.4

中国版本图书馆 CIP 数据核字（2021）第 142603 号

国际法体系下的信托基金
GUOJIFA TIXI XIA DE XINTUO JIJIN

［英］里亚斯·班特卡斯 著
伏军 译

策划编辑 似 玉
责任编辑 似 玉
李 军
装帧设计 臧晓飞

出版发行 法律出版社
编辑统筹 法律应用出版分社
责任校对 邢艳萍
责任印制 吕亚莉
经　　销 新华书店

开本 710 毫米×1000 毫米 1/16
印张 13 **字数** 172 千
版本 2021 年 11 月第 1 版
印次 2021 年 11 月第 1 次印刷
印刷 天津嘉恒印务有限公司

地址：北京市丰台区莲花池西里 7 号（100073）
网址：www.lawpress.com.cn
投稿邮箱：info@lawpress.com.cn
举报盗版邮箱：jbwq@lawpress.com.cn
销售电话：010 - 83938349
客服电话：010 - 83938350
咨询电话：010 - 63939796

书号：ISBN 978 - 7 - 5197 - 5761 - 8
定价：68.00 元
凡购买本社图书，如有印装错误，我社负责退换。电话：010 - 83938349